高等院校民航服务专业系列教材

民用航空航线·CIQ基础教程
（第2版）

杨桂芹　周为民　车云月　主　编
苗俊霞　刘茗翀　张　欣　巩　雪　副主编

清华大学出版社
北京

内 容 简 介

本书根据当今地面服务与空中服务航空专业学生学习的需求，介绍了国内航线、国际航线的相关知识。

本书共分为六章。第一章、第二章主要介绍了目前中国民航所飞的部分国内航线，沿途经过的主要地标、山脉、河流、湖泊、名胜古迹。第三章、第四章介绍了全球国际航线的分布及部分国际航线和世界各国海关、边防、检疫的相关规定。第五章、第六章介绍了世界各国CIQ的相关规定和相关表格。除第六章外，在每章节后都有练习题，结合教程中的知识点考查和巩固学生的学习效果，拓展学生的航空专业知识，为学生将来在航空领域就业奠定扎实的专业知识基础。

本书适合高等院校民用航空专业的学生使用，也适用于热衷民用航空专业的各类人士。

本书封面贴有清华大学出版社防伪标签，无标签者不得销售。
版权所有，侵权必究。举报：010-62782989，beiqinquan@tup.tsinghua.edu.cn。

图书在版编目(CIP)数据

民用航空航线·CIQ基础教程 / 杨桂芹，周为民，车云月主编. —2版. —北京：清华大学出版社，2020.1(2025.1重印)
高等院校民航服务专业系列教材
ISBN 978-7-302-54197-4

Ⅰ.①民… Ⅱ.①杨… ②周… ③车… Ⅲ.①民用航空—航空航线—高等学校—教材 Ⅳ.①F560.3

中国版本图书馆CIP数据核字(2019)第256581号

责任编辑：杨作梅
封面设计：杨玉兰
责任校对：吴春华
责任印制：杨 艳

出版发行：清华大学出版社
网 址：https://www.tup.com.cn, https://www.wqxuetang.com
地 址：北京清华大学学研大厦A座
邮 编：100084
社 总 机：010-83470000
邮 购：010-62786544
投稿与读者服务：010-62776969, c-service@tup.tsinghua.edu.cn
质量反馈：010-62772015, zhiliang@tup.tsinghua.edu.cn
课件下载：https://www.tup.com.cn, 010-62791865

印 装 者：三河市铭诚印务有限公司
经 销：全国新华书店
开 本：185mm×260mm 印 张：15 字 数：361千字
版 次：2013年10月第1版 2020年1月第2版 印 次：2025年1月第6次印刷
定 价：59.00元

产品编号：082702-01

高等院校民航服务专业系列教材
编审委员会

主　　　任：梁秀荣（中国航协飞行与乘务委员会高级顾问）

副　主　任：徐小搏（北京东方通航教育科技有限公司总经理）

主任委会：

    周为民（原中国国际航空股份有限公司培训部教员

      国家乘务技术职能鉴定考评员　国家级高级乘务员）

    杨桂芹（原中国国际航空股份有限公司主任乘务长

      国家级高级乘务员）

    苗俊霞（原中国国际航空股份有限公司培训部教员

      国家乘务技术职能鉴定考评员　国家级乘务技师）

    刘茗翀（原中国国际航空股份有限公司乘务长

      海南航空乘务训练中心教员　国家级高级乘务员）

    马　静（原中国国际航空股份有限公司主任乘务长

      国家高级乘务员）

高等院校民航服务专业系列教材
编写指导委员会

总策划：车云月

主　任：王　涛

副主任：李海东　姜琳丽　霍巧红

委　员：

　　周　贤　郭　卫　陈倩羽　徐颖丽　王瑞亮

　　郭　峰　姚庆海　李　杨　杨　峰

前　言

随着国内国际航空事业的飞速发展，中国空中航线由新中国成立初期的几条发展到现在的1 600多条。通过本书的学习，学生将熟悉和掌握航线地理及航线沿线城市、干线机场的基本情况，了解各国的边防、海关、检疫的相关规定。

本书是"高等院校民航服务专业系列教材"项目实践教材之一，目的是填补和完善中国民用航空专业教材的不足，传授专业知识，使学生在校学习期间了解民用航空公司对特殊岗位人才培训的要求。通过本书的学习，学生能在将来入职航空公司时，快速适应工作岗位的要求，成为有文化、有专业技能的合格人才，为未来进入航空岗位奠定良好的专业基础。

本书共分为六章，涵盖了中国民航目前大部分国内、国际航线及各国CIQ的相关规定。本书比较详细地介绍了国内、国际航线基本知识、相关知识、专业知识；国内、国际部分航线地标、目的地机场、目的地城市景区、目的地城市名胜古迹等。为了丰富国内、国际航线的内容，帮助学生更好地理解和掌握本书的知识要点，在每节后面都有练习题，供同学们自学参考。

本书的主要特点是国内航线与国际航线知识明确，理论知识与习题配合紧密。本书具有很强的可读性，适用于热衷民用航空专业的各类人士，对民用航空专业的学生在校学习专业知识会更有帮助。

本书由杨桂芹、周为民、车云月、苗俊霞等从事民航领域飞行工作30多年的权威专家以及在国内外多家航空公司具有多年乘务飞行经验的刘茗翀先生共同编写而成。编者均为民航教学资深培训教员，获得中国航协、国际航协IATA教员资质、国家乘务技术职能鉴定考评员资质；曾在高等学院进行过多年的民用航空专业专题讲座、授课，具有丰富的教学经验和实训教学经验。

本书引用了部分资料和图片，因无法一一查明出处，谨在此对这些资料和图片的原作者表示感谢！

今后我们还会陆续编写内容更加专业、更加贴近实际、更加实用的系列教材。由于教材编写时间紧，如有不足之处，谨恳请各位专家、各专业院校教师和同学们不吝赐教。我们将不胜感谢，并进行及时修正。

编　者

目　　录

第一章　国内航线相关知识 1

第一节　航线知识 2
一、航线 2
二、航路 4
三、航线高度配备 5
练习题 7

第二节　中国航空区域划分、航空公司、城市、机场代码 7
一、中国民航总局下设七个地区管理局及一个特区 7
二、航空公司二字代码 7
三、机场三字代码及城市简称 8
练习题 9

第三节　航班 10
一、航班定义 10
二、航班时刻表 10
练习题 12

第二章　国内航线 13

第一节　始发站：北京 14
一、城市简介 14
二、机场简介 14
三、景区介绍 19
练习题 22

第二节　华北地区航线 23
一、北京—呼和浩特(PEK—HET) 23
二、北京—太原(PEK—TYN) 26
三、知识拓展——华北地区景区介绍 27
四、华北地区航线特点 29
练习题 29

第三节　西北地区航线 30
一、北京—兰州(PEK—DNH) 30
二、北京—西安(PEK—SIA) 31
三、知识拓展——西北地区景区介绍 33
四、西北地区航线特点 35
练习题 36

第四节　中南地区航线 36
一、北京—广州(PEK—CAN) 36
二、北京—武汉（PEK—WUH） 41
三、知识拓展——中南地区景区介绍 42
四、中南地区航线特点 47
练习题 47

第五节　西南地区航线 47
一、北京—昆明(PEK—KMG) 48
二、北京—成都(PEK—CTU) 51
三、知识拓展——西南地区景区介绍 52
四、西南地区航线特点 57
练习题 57

第六节　华东地区航线 57
一、北京—上海(PEK — SHA) 58
二、北京—厦门(PEK—XMN) 62
三、知识拓展——华东地区景区介绍 63
四、国内华东地区航线特点 70
练习题 70

第七节　东北地区航线 70
一、北京—哈尔滨(PEK—HRB) 71
二、北京—沈阳(PEK—SHE) 74
三、知识拓展——东北地区景区介绍 75
四、国内东北地区航线特点 78
练习题 79

第八节　新疆地区航线 79
一、北京—乌鲁木齐(PEK—URC) 79
二、知识拓展——新疆地区景区介绍 80
三、新疆地区航线特点 82

　　　　练习题 82

　第九节　港、澳、台地区航线 82

　　　　一、北京—香港(PEK—HKG) 82

　　　　二、北京—澳门(PEK—MFM) 85

　　　　三、北京—台湾(PEK—TPE) 89

　　　　四、港、澳、台地区航线特点 91

　　　　练习题 92

第三章　国际航线基本知识 93

　第一节　国际航协简介和国际航协世界航空区域划分 94

　　　　一、国际航协简介 94

　　　　二、国际航协世界航空区域划分 94

　　　　三、国际航空运输协会分成三大业务区 94

　　　　练习题 98

　第二节　世界主要航线 98

　　　　一、主要国际航线分布 99

　　　　二、主要国际航线介绍 99

　　　　三、世界主要国际航线的特点 113

　　　　练习题 113

　第三节　世界三大航空联盟简介 114

　　　　一、星空联盟 114

　　　　二、天合联盟 116

　　　　三、寰宇一家 118

　　　　练习题 119

　第四节　国际航线基础知识 120

　　　　一、赤道 120

　　　　二、本初子午线 120

　　　　三、时区 120

　　　　四、日界线 121

　　　　五、时差 121

　　　　练习题 122

第四章　国际航线 123

　第一节　国际航线机上相关知识 124

一、机上销售 124

　　二、关封 124

　　三、CIQ表格 124

　　四、喷药 126

　　五、温度的换算 126

　　练习题 126

第二节　中国国际航班的特点 127

　　一、欧洲航班的特点 127

　　二、美国、加拿大、澳大利亚航班的特点 128

　　三、中东航线的特点 128

　　四、亚洲航线的特点 128

　　练习题 129

第三节　中国国际航线 129

　　一、亚洲航线 129

　　二、欧洲航线 140

　　三、美洲航线——美国 150

　　四、中东航线——阿拉伯联合酋长国 153

　　练习题 157

第四节　知识拓展 157

　　一、亚洲景点介绍 157

　　二、欧洲景点介绍 158

　　三、美洲景点介绍 160

　　四、中东景点介绍 164

　　五、大洋洲景点介绍 166

　　练习题 168

第五章　世界各国CIQ相关规定 169

第一节　CIQ 170

　　一、名词解释 170

　　二、各国检疫通用规定 171

　　三、各国移民局通用规定 171

　　四、各国海关通用规定 172

　　五、护照的种类 172

　　六、办理出入境手续的程序 173

	练习题	173

第二节　各国CIQ相关规定 　173
　　一、亚洲地区　173
　　二、中东地区——科威特　180
　　三、欧洲地区　181
　　四、美洲地区　186
　　五、澳洲地区——澳大利亚　189
　　练习题　190

第六章　部分国家和地区CIQ表格认识与填写　195
　　一、中国CIQ表格　196
　　二、中国香港CIQ表格　200
　　三、日本CIQ表格　201
　　四、新加坡CIQ表格　204
　　五、英国CIQ表格　207
　　六、法国CIQ表格　212
　　七、美国CIQ表格　214
　　八、加拿大CIQ表格　220
　　九、澳大利亚CIQ表格　221

参考文献　226

第一章
国内航线相关知识

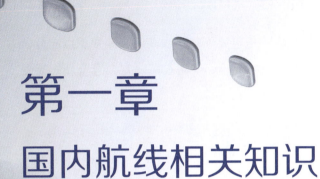

【本章内容提示】

　　航空航线不仅确定了飞机飞行的具体方向、起飞点和经停点，而且根据空中交通管制的需要，规定了航线的宽度和飞行高度，以维护空中交通秩序，保证飞行安全。通过本章的学习，学生应了解和掌握航线的基本知识，航线按起飞点的归属不同，一般可分为国际航线和国内航线，其中国内航线又可分为干线航线和支线航线。此外，学生学应了解和掌握构成航线的基本元素。

第一节　航线知识

本节将对航空航线的定义和划分、航线构成的基本要素、航线高度层等知识点进行介绍。通过学习，学生对于航空领域的航线分类、飞行高度、飞行航路一定会有全新的感受和了解。

一、航线

（一）航线概述

航线是指连接机场与机场、机场与航路、给定地理点之间的飞行路线，简称航线(Airway)。例如：北京—上海航线，南京—广州航线。

航线可分为固定航线和临时航线。

固定航线可分为国际航线、地区航线、国内干线和地方航线。

临时航线通常不得与航路、固定航线交叉，也不得通过飞行频繁的机场上空。

航线中心线与航线附近空域之间的侧向安全间隔一般不得小于10km。

民航在航线上的垂直范围是指航线最低安全高度以上的第一可用飞行高度层至12 000m（含）或给定的高度范围。

航线（航段）代号：国内航线的代号由空军指派；国际航线的代号由民航总局与空军协商后，与国际民航组织亚太地区办事处指派。

航线代号的组成：航线（航段）代号由下列一个字母后随1～999的数码组成。A、B、G表示国际（地区）航线（航段）；H表示国内干线航线（航段）；J表示地方航线（航段）；V表示尚未向国际民航组织申请的国际（地区）航线（航段）。

（二）航线构成的基本元素

航线构成的基本元素有航向、航线距离、航线代号和航线最低安全高度，如图1-1所示。

(1) 航向：航向代表航线的走向。

(2) 航线距离：航点至下一个航点的距离。

(3) 航线代号：由一个字母加上多个阿拉伯数字组成。

例如：北京—东京航线（航线代号是A593）等。

深圳—石龙航线（航线代号是W48）等。

(4) 航线最低安全高度：避免飞机与地面障碍物相撞的最低飞行高度。

图 1-1　航线的基本元素图

（三）航线分类

航线可以分为国际航线、国内航线和地区航线。

1．国际航线

国际航线是指飞行路线连接两个或两个以上国家的航线；一个航班在它的始发站、经停站、终点站有一点在外国的领土上的都叫作国际航线。国际航线是指从我国境内一点或多点与国外一点或多点之间的航空运输线。

例如：CA925 航班　北京—东京；CA931 航班　北京—法兰克福。

2．国内航线

国内航线是指运输的始发地、经停地和目的地均在一个国家境内的飞行航线。它又可分为国内干线、国内支线和地方航线三大类。

(1) 国内干线：国内干线是指连接各省会、直辖市或自治区首府或各省、自治区跨省的航线，这类航线航班多、密度高、客流量大。

例如：CA1501 北京—上海；CA1301 北京—广州。

(2) 国内支线：国内支线是指大城市与中小城市之间的航线。国内支线的飞行距离为 600～1 000km 的，它的客流密度、航班数量远小于国内干线。

例如：成都—绵阳；广州—韶关。

(3) 地方航线：地方航线是指把中小城市连接起来的航线。地方航线的客流量很小，与国内支线的界线不很明确，也可称为省内航线。

例如：乌鲁木齐—库尔勒；拉萨—林芝。

3. 地区航线

地区航线是指在一国之内，连接普通地区和特殊地区的航线，如中国内地与港、澳、台地区之间的航线。

例如：CA101 北京—香港；CA189 北京—台北。

二、航路

（一）航路定义

航路 (Air route) 是由航空主管当局批准建立的一条由导航系统划定的空域结构的空中通道，在这个通道上空，交通管理机构要提供必要的空中交通管制和航行情报服务。图 1-2 所示为航路定义图。

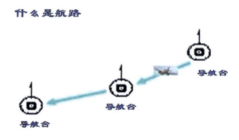

图 1-2　航路定义图

（二）航路划分

航路的高度、宽度和路线都有严格的规定，目前我国规定的航路宽度为 20km(航路中心两侧各 10km)。如果航路某一段受条件限制，可以减少宽度，但不得小于 8km。

航路的中心线由导航台和位置点的连线确定，除特别规定外，航路的高度范围为地面至 12 000m(含)高空。

航路边界线的确定：航路的边界线是通过向外扩张角的办法确定的。航路与其附近的空域之间必须保持侧向 10km 的缓冲区。

（三）航路划分的目的

航路划分是为了维护空中交通秩序，提高空间利用率，保证飞行安全。飞机偏离这条安全通道，就有可能存在失去联络、迷航、与高山等障碍物相撞的危险。

注解：航路划设根据导航设备的情况来设置它的密度，其中包括无线电导航台、雷达的型号、通信的指挥能力等。

航路的最小宽度是由提供导航的导航台上空倒圆锥容差区的大小来确定的。

注解：航路的宽度是根据无线电导航台、雷达的型号、通信的指挥能力的精度和国家安全需要综合考虑的。

三、航线高度配备

飞机在航路和航线上飞行时，应当按照所规定的巡航高度层飞行。

（一）缩小垂直间隔定义

缩小垂直间隔在国际民航界通常称为"Reduced Vertical Separation Minimum (RVSM)"，即在29 000ft(8 850m)至41 000ft(12 500m)之间的高度层空间范围内，飞机之间的最小垂直间隔由过去的2 000ft(600m)缩小为1 000ft(300m)。该空间范围内飞行高度层的数量从原有的7个增加到13个，新增6个飞行高度层，可用飞行高度层数量增加了86%，显著增加了空域容量，如图1-3所示。

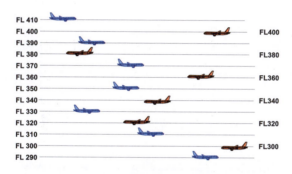

图 1-3　垂直间隔定义图

国际民航组织从20世纪70年代开始研究缩小垂直间隔标准并积极地在全球范围内推广。

（二）我国的航线高度层

从新中国诞生以来，我国的航线共进行了四次高度层改革。

(1) 1950年颁布的第一版和1964年颁布的第二版《中华人民共和国飞行基本规则》中规定，在高度6 000m以上使用1 000m垂直间隔，以及"向东飞为双数，向西飞为单数"的原则，此规定沿用至1993年。

(2) 1993年10月15日实行新的高度层配备方法，即在6 000m以下使用300m垂直间隔，6 000～12 000m使用600m垂直间隔，12 000m以上使用1 000m垂直间隔。

(3) 2001年8月1日正式实行的《中华人民共和国飞行基本规则》，改革了我国原有的飞行高度层配备。新规则将原实施300m垂直间隔的高度从6 000m以下提高到8 400m

以下的空间范围，在 8 100m 以下采用 300m 垂直间隔，9 000m 以上采用 600m 垂直间隔，在 8 400m 以下新增加了 6 300m、6 900m、7 500m、8 100m 四个高度层，从而增加了部分可用飞行高度层。改革后的飞行高度层划设标准在保证飞行安全和增大飞行流量等方面发挥了重要作用。

(4) 2002 年 11 月 1 日，在三亚责任区海洋区航路实行缩小垂直间隔 (RVSM) 和英制高度层。

（三）飞行高度层配备方案

在我国现行 8 400m 以下飞行高度层实行 300m 垂直间隔、8 400m 以上飞行高度层实行 600m 垂直间隔的基础上，缩小 8 400～12 500m 高度范围内飞行高度层垂直间隔，即 8 400～8 900m 实行 500m 垂直间隔、8 900～12 500m 实行 300m 垂直间隔和 12 500m 以上仍维持 600m 垂直间隔不变。

（四）航向角

飞行航向的角度是在航图上面自正北方为 0 度，顺时针量到航线的角度。测量的方法是，自某一个出发点或者航线的起始点为中心点，顺时针向右量到航线的夹角就是航向角，其夹角的度数就是飞机应飞的航向。

图 1-4 所示是飞行高度层配备标准示意图。

图 1-4　飞行高度层配备标准示意图

📖 **练习题**

1．航线的定义是什么？
2．航线可分为几大类？分别是什么？
3．国内航线可分为几类？名称分别是什么？
4．航线的代号由哪两部分组成？请举例说明。不同的英文字母代表了什么？
5．请说出航线构成的四个基本元素。
6．举例说明国际航线、国内航线的不同。
7．什么是国内干线、国内支线、地方航线及地区航线？
8．我国规定的航路宽度是多少千米？一旦偏离航路将会发生什么样的后果？
9．航线高度层为 8 850～12 500m 的范围，过去飞机之间的最小垂直间隔为 600m，现在缩小了多少米？一共有多少个飞行高度层？
10．从新中国诞生以来共进行了几次高度层改革？分别是哪一年？

第二节　中国航空区域划分、航空公司、城市、机场代码

通过对本节内容的学习，能够了解中国及特区航空管理几大区域的划分，正确识别中国航空公司二字代码、中国机场三字代码。

一、中国民航总局下设七个地区管理局及一个特区

(1) 华北管理局：北京市、天津市、河北省、山西省、内蒙古自治区。
(2) 西北管理局：陕西省、甘肃省、青海省、宁夏回族自治区。
(3) 中南管理局：河南省、湖北省、湖南省、广东省、广西壮族自治区、海南省。
(4) 西南管理局：四川省、重庆市、贵州省、云南省、西藏自治区。
(5) 华东管理局：上海市、江苏省、浙江省、安徽省、福建省、江西省、山东省。
(6) 东北管理局：辽宁省、吉林省、黑龙江省。
(7) 新疆管理局：新疆维吾尔族自治区。
(8) 特区：香港特别行政区、澳门特别行政区、中国台湾。

二、航空公司二字代码

中国航空公司二字代码如表 1-1 所示。

表 1-1　中国航空公司二字代码表

序　号	名　　称	二字代码
1	中国国际航空股份有限公司	CA
2	中国南方航空股份有限公司	CZ
3	中国东方航空股份有限公司	MU
4	深圳航空股份有限公司	ZH
5	山东航空股份有限公司	SC
6	厦门航空股份有限公司	MF
7	海南航空股份有限公司	HU
8	上海航空股份有限公司	FM
9	中国联合航空有限公司	KN
10	重庆航空有限责任公司	OQ
11	北京首都航空股份有限公司	JD
12	昆明祥鹏航空有限责任公司	8L
13	四川航空股份有限公司	3U
14	上海吉祥航空股份有限公司	HO
15	奥凯航空有限公司	BK
16	春秋航空有限公司	9C
17	河北航空有限公司	NS

三、机场三字代码及城市简称

机场三字代码及城市简称如表 1-2 所示。

表 1-2　机场三字代码及城市简称

序　号	区　域	城　市	机场名称	三字代码	简　称	省　份
1	华东	上海	虹桥国际机场	SHA	沪	上海
2	华东	上海	浦东国际机场	PVG	浦	上海
3	华东	杭州	萧山国际机场	HGH	杭	浙江
4	华东	温州	永强国际机场	WNZ	温	浙江
5	华东	济南	遥墙国际机场	TNA	济	山东
6	华东	青岛	流亭国际机场	TAO	青	山东
7	华东	南京	禄口国际机场	NKG	宁	江苏
8	华东	合肥	骆岗国际机场	HFE	皖	安徽
9	华东	南昌	昌北国际机场	KHN	赣	江西
10	华东	厦门	高崎国际机场	XMF	厦	福建
11	华东	福州	长乐国际机场	FOC	福	福建
12	西南	成都	双流国际机场	CTU	蓉	四川
13	西南	重庆	江北国际机场	CKG	渝	重庆
14	西南	丽江	三义国际机场	LJG	丽	云南

续表

序号	区域	城市	机场名称	三字代码	简称	省份
15	西南	昆明	长水国际机场	KMG	昆	云南
16	西南	西双版纳	嘎洒国际机场	JHG	纳	云南
17	西南	贵阳	龙洞堡国际机场	KWE	贵	贵州
18	西南	拉萨	贡嘎机场	LXA	藏	西藏
19	新疆	乌鲁木齐	地窝堡国际机场	URC	乌	新疆
20	西北	兰州	中川国际机场	ZGC	兰	甘肃
21	西北	西宁	曹家堡机场	XNN	西	青海
22	西北	喀什	喀什机场	KHG	喀	新疆
23	西北	西安	咸阳国际机场	XIY	陕	陕西
24	西北	银川	河东机场	INC	银	宁夏
25	中南	广州	白云国际机场	CAN	穗	广东
26	中南	深圳	宝安国际机场	SZX	圳	广东
27	中南	桂林	两江国际机场	KWL	桂	广西
28	中南	南宁	吴圩国际机场	NNG	南	广西
29	中南	海口	美兰国际机场	HAK	琼	海南
30	中南	三亚	凤凰国际机场	SYX	亚	海南
31	中南	长沙	黄花国际机场	HHA	湘	湖南
32	中南	武汉	天河国际机场	WUH	汉	湖北
33	中南	郑州	新郑国际机场	CGO	郑	河南
34	华北	北京	首都国际机场	PEK	京	北京
35	华北	天津	滨海国际机场	TSN	津	天津
36	华北	石家庄	正定国际机场	SJW	石	河北
37	华北	太原	武宿国际机场	TYN	太	山西
38	华北	大同	云岗机场	DAT	大	山西
39	华北	呼和浩特	白塔机场	HET	呼	内蒙古
40	华北	包头	东河机场	BAV	包	内蒙古
41	东北	哈尔滨	太平国际机场	HRB	哈	黑龙江
42	东北	长春	龙嘉国际机场	CGQ	长	吉林
43	东北	沈阳	桃仙国际机场	SHE	沈	辽宁
44	东北	大连	周水子国际机场	DLC	连	辽宁

练习题

1．中国航空区域是如何划分的？

2．请说出华北管理局管辖之内的省、市。

3．请说出华东管理局管辖之内的省、市。

4．CA、CZ、MU、MF、HO、HU分别是哪几家航空公司的代码？

5．西南地区1市、3省、1区分别代表哪些地方？

6．中国4个直辖市分别是指哪些城市？

7．中国共有几个自治区？分别是哪里？

8．中国有哪两个特别行政区？

第三节　航　　班

本节将重点介绍航空领域航班的定义，通过对本节的学习，可以清楚航班号的组成和航班时刻表提供给乘客的相关信息。

一、航班定义

(1) 航班：是指定期由始发站按规定的航班起飞，经过经停站至终点站或直达终点的运输飞行。飞机在规定的航线上，使用规定的机型，按规定的日期、时刻运输飞行。在国际航线上飞行的航班称国际航班，在国内航线上飞行的航班称国内航班。

(2) 定期航班：是指列入航班时刻表、有固定时间运行的航班。定期航班可分为长期定期航班和季节性定期航班。

(3) 不定期航班：也称为包机飞行，是指没有固定时刻的运输飞行，是根据临时性任务进行的航班安排。

(4) 加班：是指空运企业为满足市场需求，在被批准运营的定期航线上已确定的航班数目以外临时增加的航班。

(5) 航季：根据国际惯例，航班计划可分为夏秋航季或冬春航季。夏秋航季是指当年3月最后一个星期日至10月最后一个星期六；冬春航季是指当年10月最后一个星期日至次年3月最后一个星期六。

二、航班时刻表

(1) 航班时刻表：是指各航空公司根据航线、航班及其班期和时刻等，按一定规律汇编成册所形成的航班时刻表，如表1-3所示。

表1-3　航班时刻表

航班号	班　期	起飞城市	到达城市	起飞时间	到达时间
CZ325	周1234567	广州	悉尼	21:05	09:30(第二天)
CZ321	周..3.5.7	广州	墨尔本	20:30	09:10(第二天)
CZ321	周..3.5.7	广州	墨尔本	23:50*	12:30(第二天)
CZ326	周1234567	悉尼	广州	10:50	17:00
CZ322	周1..4.6	墨尔本	广州	10:40	17:00
CZ322	周1..4.6	墨尔本	广州	23:30*	06:00(第二天)

(2) 航班班次：是指在单位时间内（通常以一周计算）飞行的航班次数。

(3) 航班号的由来：国内航班号是由航空公司二字英文代码和四位阿拉伯数字组成的，第一位数字是本公司的代码，第二位数字是终点站所属公司的代码，第三位和第四位数字表示航班编号，第四位数字若为奇数，则表示该航班为去程航班，若为偶数，则表示该航班为回程航班。如果是三位的，则没有明显规律，例如：CA1501/2、MU5101/2。国内航班号国航为"1"和"4"字头；东航为"2"和"5"字头；南航为"3"和"6"字头；海航为"7"字头；厦航和川航为"8"字头；上航和深航为"9"字头。

航班号的组成：国内航班号由航空公司二字英文代码和四位阿拉伯数字组成。第一位数字是本公司的代码，第二位数字是终点站所属公司代码，第三位和第四位数字表示航班编号，第四位数字单数为去程，双数为回程，如图1-5所示。

图 1-5　航班号的组成图

(4) 登机牌：登机牌是机场为乘坐航班的乘客提供的登机凭证，乘客必须在提供有效机票和个人身份证件后才能获得，也有人称之为登机证或登机卡。绝大多数登机牌为硬纸卡，正面印有机场、航空公司或民航机构的名称和徽记，乘机人姓名、航班号、航班起讫站、座位号、舱位等级、日期与登记时间、登机口等内容，如图1-6所示。

图 1-6　乘客登机牌说明

1. 模拟制作一个航班时刻表。
2. 什么是定期航班？定期航班分为哪几种？
3. 不定期航班的概念是什么？
4. 航班时刻表每年编写几次？每年何时更换？
5. 航班时刻表分别显示哪些信息？
6. 航班班次通常以时间的什么单位计算？
7. 航班号是由航空公司二字英文代码和几位阿拉伯数字组成？请举例说明。
8. 乘客登机牌上标有起飞时间、乘机日期、座位号。除此之外，还有什么信息？

第二章
国内航线

【本章内容提示】

　　本章按照中国航空管理局区域划分,以七大区域及港澳台地区为主线,分别介绍了由北京飞往这些地区的部分航空航线。通过对本章的学习,学生可对城市、机场、景区有所了解,并能掌握航线地标、航线特点等专业知识,为航空服务的学习打下一定的基础。

第一节　始发站：北京

本节将介绍国内航线始发站——北京的城市、机场、景区知识。特别是对首都机场由最早的只有客梯上下飞机，到今天拥有世界上最大的宽体、双层飞机上下客人的廊桥这样的变化的航站楼，进行较全面的描述。

一、城市简介

中文名称：北京。

外文名称：Municipality of Beijing。

别名：京、京城、北平、蓟京、元大都。

行政区类别：首都、直辖市、国家中心城市。

所属地区：中国华北。

下辖地区：16个市辖区。

气候条件：温带季风气候、四季分明。

著名景点：天安门广场、故宫、颐和园、长城、天坛等。

市花：月季、菊花。

市树：国槐、侧柏。

北京，中华人民共和国首都、直辖市、国家中心城市，中国政治、文化、教育和国际交流中心，同时也是中国经济、金融的决策中心和管理中心。北京位于华北平原北端，东南与天津相连，其余为河北省所环绕。北京有着三千余年的建城史和八百多年的建都史，是"中国四大古都"之一，具有一定的国际影响力，其最早见于文献的名称为"蓟"。北京荟萃了自元明清以来的中华文化，拥有众多名胜古迹和人文景观，是全球拥有世界文化遗产最多的城市。

二、机场简介

（一）北京首都国际机场

北京首都国际机场简称首都机场，位于北京市区东北方向的顺义区，现有三个航站楼，分别为：T1、T2、T3。

市区距离：北京首都国际机场到市中心天安门广场的公路距离大约是30km。

北京首都国际机场于1958年3月2日投入使用，是新中国成立以来首个投入使用的民用机场，也是中国历史上第四个开通国际航班的机场（前三个开通国际航班的分别是

1926 年的上海龙华机场、1937 年的昆明巫家坝机场及 1939 年的重庆白市驿机场）。机场建成时仅有一座小型候机楼，现在主要用于 VIP 乘客和包租的飞机，如图 2-1 所示。

图 2-1　首个北京首都国际机场候机楼 T0 号航站楼

北京首都国际机场是"中国第一国门"，是中国最重要、规模最大、设备最先进、运输生产最繁忙的大型国际航空港，是中国的空中门户和对外交流的重要窗口，是中国民航最重要的航空枢纽，是中国民用航空网络的辐射中心，是当前中国最繁忙的民用机场之一，是中国国际航空股份有限公司的基地机场。

作为欧洲、亚洲及北美洲的核心节点，北京首都国际机场有着得天独厚的地理位置、方便快捷的中转流程、紧密高效的协同合作，使其成为连接亚、欧、美三大航空市场最为便捷的航空枢纽。国航、东航、南航、海航等中国国内主要航空公司均已在北京首都国际机场设立运营基地。星空联盟、天合联盟和寰宇一家世界三大航空联盟也都视北京首都国际机场为其重要的中转枢纽。随着日益完善的国际航线网络的形成，北京首都国际机场已成为世界上最繁忙的机场之一，每天有超过 90 家航空公司的 1 400 个航班将北京与世界 223 个机场紧密连接。"中国第一国门"正朝着建设大型国际枢纽机场的目标大步迈进！

✈ T0 航站楼——没有廊桥的机场

T0 航站楼，它高大细长的窗户、灰黄的颜色、厚重的基石、屋顶的八角形园亭，带着苏联时期的印记。新中国成立以来兴建的第一个大型民用机场——北京首都国际机场正式投入启用，至 2019 年已经有 61 个年头。这座当时投资 7 900 万元的工程，于 1958 年 3 月 2 日正式启用，之后便成为当时的十大建筑之一。如图 2-1 所示就是首都机场的第一个航站楼。照片上看到的乘客正在列队先后由客梯登上飞机，客流稀少，显示出 T0 航站楼当时并不繁忙的情景。

据统计，1958 年至 1979 年共 22 年间，首都机场乘客吞吐量 587.6 万人次，为新中国民航事业的发展立下了汗马功劳。

1965年，北京首都国际机场进行了第一次扩建，将原来2 500m的跑道延长至3 200m、增建了六个停机位，并增添了无线电通信导航等设施，局部改建了候机楼、新建了贵宾候机楼。到1965年年底，国内航线已开通46条，通航城市76个。1965年3月1日，北京—成都—拉萨航线开通，通航的省会城市达到27个。中国对外交往的空中大门也已经打开。

T1航站楼——经历七次改建

1972年4月29日，中国民用航空总局向国务院报送《关于修建首都机场国际候机楼的请示》，国家最终批复同意，并确定投资6 600万元人民币。

首都机场的第二次大规模扩建于1974年8月正式动工，并被列为国家重点工程建设项目。一号航站楼（又称T1航站楼）建设方案的成形，源于一次到法国和荷兰机场的实地考察。

1982年1月，扩建工程是修建6万平方米的新航站楼。楼内设置有中国民航首次采用的自动门、自动人行步道、自动扶梯以及行李系统、飞行动态显示牌、闭路电视等当时国内最先进的设备。20世纪80年代伊始，首都机场迎来了T1航站楼和第二条跑道。T1航站楼和两条跑道的格局，成为首都机场日后发展的重要支撑之一，如图2-2所示。

图2-2　T1航站楼

从1988年开始，T1航站区就是在前后七次改扩建中度过的，在这七次改扩建中，T1航站区改建行李分拣大厅、扩建主楼及引桥等，T1航站楼面积增至8万平方米，年乘客吞吐量保障能力提高到800万人次。

伴随着改革开放给中国经济带来的高速发展，中国民航事业也有了长足的进步。到1987年年底，从北京始发的国内航线59条，国际航线24条，客货吞吐量从1978年的102.64万人次和3.38万吨增至1987年的466.59万人次和13.79万吨。

1988年3月，随着中国民航体制的改革，当时的北京管理局分拆组建了民航华北地区管理局、中国国际航空股份有限公司、北京首都国际机场三个单位。"首都机场"也正式更名为"北京首都国际机场"。

T2航站楼重新规划的建筑面积达33.6万平方米，于1995年10月开始建设，1999年11月1日正式投入使用，如图2-3所示。T2航站楼每年可接待超过2 650万人次的旅客，高峰小时旅客吞吐量可达9 210人次。

图2-3　T2航站楼

T3航站楼位于T1航站楼和T2航站楼东边，耗资270亿元人民币建成的T3号航站楼是国际上最大的民用航空港、国内面积最大的单体建筑，其总建筑面积98.6万平方米。T3航站楼主楼建筑面积为58万余平方米，仅单层面积就达18万平方米，拥有地面五层和地下两层，由T3C主楼、T3D、T3E国际候机廊和楼前交通系统组成，如图2-4所示。T3C主楼一层为行李处理大厅、远机位候机大厅、国内国际VIP；二层是旅客到达大厅、行李提取大厅、捷运站台；三层为国内旅客出港大厅；四层为办票、餐饮大厅；五层为餐饮部分。T3航站楼于2008年2月28日建成投入使用，已经能承载空中客车A380等新型超大型客机。

图2-4　T3航站楼

北京首都国际机场拥有两座塔台，T1、T2和T3共三座航站楼，是中国国内唯一拥有三条跑道的国际机场。机场原有东、西两条双向跑道，长宽分别为3 800m×60m、3 200m×50m，第三条跑道，长宽为3 800m×60m，满足飞机起飞降落的使用要求。

北京首都国际机场T3航站楼启用分两期，于2008年2月28日和3月26日进行。

北京首都国际机场的年旅客吞吐量从1978年的103万人次增长到2014年的8 613万人次，目前排名全球第二位。

（二）北京南苑国际机场

北京南苑国际机场（简称南苑机场）位于北京市南郊丰台区，地处北京南四环路以南3km，距天安门广场正南15km，是北京地区第一座军民两用的大型机场，如图2-5所示。北京南苑机场IATA代码：NAY；ICAO代码：ZDNY。北京南苑国际机场目前是中国联合航空有限公司（简称中联航）的基地机场。

图2-5 北京南苑国际机场

1904年，来自法国的两架小飞机在南苑校阅场上进行了飞行表演，这是作为近现代科学技术象征的飞机首次在中国土地上起降。

1910年8月，清政府筹办航空事业，在南苑开办飞机修造厂试制飞机，并利用南苑的毅军操场修建了供飞机起降的简易跑道。自此，南苑机场成为中国第一个机场。

北京南苑国际机场候机楼于2007年完成改扩建，增设廊桥、电梯等设施，环境和设施明显改善。候机楼建筑面积近1万平方米，候机楼内设立售票、值机、安检，距离相距不远。北京南苑国际机场是中国联合航空有限公司独家使用的主运营基地，随着中国民用航空市场需求的迅速增长，北京首都国际机场经常被空中管制部门实施流量控制，北京南苑国际机场起到了分流部分旅客的作用。平时北京南苑国际机场起降的飞机数量较少，因此北京南苑国际机场不会经常被空中管制部门实施流量控制，班机一般非常准时。北京南苑国际机场现拥有一座年进出港120万人次的航站楼(2012年)。

2019年1月3日,据北京市发改委新闻发布会介绍,大兴国际机场9月30日前正式通航,南苑机场同时关闭,民用航空功能转移到新机场。

2019年9月25日晚,南苑机场关闭。

（三）北京大兴国际机场

北京大兴国际机场(IATA：PKX，ICAO：IBAD)，位于北京市大兴区及河北省廊坊市广阳区之间，距首都机场67km；定位为大型国际航空枢纽、国家发展一个新的动力源、支撑雄安新区建设的京津冀区域综合交通枢纽。

北京大兴国际机场于2014年12月开始动工，于2015年9月全面开工，时名"北京新机场"。2018年9月，机场定名为"北京大兴国际机场"。2019年9月25日，机场正式投运。

北京大兴国际机场航站楼综合体建筑140万平方米，可停靠飞机的指廊展开长度超过4 000m。机场规划四纵两横六条民用跑道，本期建设三纵一横四条跑道、268个停机位。机场建成了"五纵两横"的交通网络，1h通达京津冀，如图2-6所示。

图2-6 北京大兴国际机场

三、景区介绍

（一）天安门广场

天安门广场位于北京市中心，南北长880m，东西宽500m，面积达44万平方米，可容纳100万人举行盛大集会，是当今世界上最大的城市广场。

天安门广场北端是雄伟壮丽的天安门城楼，天安门正对面飘扬着中华人民共和国国旗，广场中心矗立着人民英雄纪念碑和庄严肃穆的毛主席纪念堂，西侧是人民大会堂，也是全国人民代表大会常务委员会所在地，南面是两座建于14世纪的古代城楼——正阳门和前门箭楼。整个广场宏伟壮观、整齐对称、浑然一体、气势磅礴。

1949年10月1日，毛泽东主席在天安门城楼上宣告中华人民共和国成立，并亲手升起了第一面五星红旗。从此天安门城楼成为新中国的象征，它庄严肃穆的形象是我国国徽的重要组成部分。

（二）长城——世界文化遗产

长城东西绵延上万华里，因此又称作万里长城。现存的长城遗迹主要为始建于14世纪的明长城，它西起嘉峪关，东至虎山长城，全长8 851.8km，如图2-7所示。

图2-7　长城

长城始建于2 000多年前的春秋战国时期，秦朝统一中国之后连接成了万里长城，汉、明两代又曾大规模修筑。长城是我国古代劳动人民创造的伟大奇迹，是中国悠久历史的见证，它与罗马斗兽场、比萨斜塔等同列为中古世界七大奇迹之一，1987年12月又被列为世界文化遗产名录。

（三）北京故宫——世界文化遗产

北京故宫又称紫禁城，位于北京市区的中心，为明、清两代的皇宫，有24位皇帝相继在此登基执政，如图2-8所示。故宫始建于1406年，至今已有600多年。故宫是世界上现存规模最大、最完整的古代木结构建筑群，占地72万平方米，建筑面积约15万平方米，拥有殿宇9 000多间，其中太和殿是皇帝举行登基仪式、诞辰节日庆典和出兵征伐大典等的地方。故宫黄瓦红墙、金扉朱楹、白玉雕栏、宫阙重叠、巍峨壮观，是中国古建筑的精华，宫内现收藏珍贵历代文物和艺术品约100万件。1987年12月，北京故宫被列入世界文化遗产名录。

图 2-8　北京故宫

（四）天坛——世界文化遗产

天坛位于北京的南端，是明、清两代皇帝每年祭天和祈祷五谷丰收的地方。它严谨的建筑布局、奇特的建筑结构、瑰丽的建筑装饰，被认为是我国现存的一组最精致、最美丽的古建筑群，在世界上享有极高的声誉，如图 2-9 所示。

图 2-9　天坛

天坛建于明永乐十八年(1420 年)，与故宫同时修建，面积约 270 万平方米，分为内坛和外坛两部分，主要建筑物都在内坛。南有圆丘坛、皇穹宇，北有祈年殿、皇乾殿，由一座高 2.5m、宽 28m、长 360m 的甬道，把这两组建筑连接起来。

天坛的总体设计，从它的建筑布局到每一个细部处理，都强调了"天"。它有 300 多米长的高出地面的甬道，人们登临其上，环顾四周，首先看到的是那广阔的天空和那象征天的祈年殿，一种与天接近的感觉油然而生。自古人们认为到天坛去拜天等于上天，而由人间到天上去的路途非常遥远，所以，这条甬道又叫"海漫大道"。1998 年 11 月，天坛被列入世界文化遗产名录。

（五）颐和园——世界文化遗产

颐和园是中国现存规模最大、保存最完整的皇家园林，中国四大名园（北京颐和园、承德避暑山庄、苏州拙政园、苏州留园）之一，位于北京西郊的西山脚下，泉泽遍野，群峰叠翠，山光水色，风景如画，如图 2-10 所示。

图 2-10　颐和园

颐和园原是清朝帝王的行宫和花园，始建于 1750 年，于 1764 年建成，面积 290hm^2，水面约占 3/4。乾隆继位后为孝敬其母孝圣皇后，动用 448 万两白银在这里改建为清漪园，以此为中心把两边的四个园子连成一体，形成了从现清华园到香山长达 20km 的皇家园林区。1998 年 11 月，颐和园被列入世界文化遗产名录。

练习题

1. 北京首都国际机场现有三座航站楼，分别有哪些特点？
2. 北京南苑国际机场地处北京市哪个区？其主要运营能力有哪些？
3. 北京地区第一座军民两用的大型机场是指哪个机场？
4. 请描述世界上最大的城市广场。
5. 长城是人类文明史上最伟大的建筑工程，它始建于哪一年？为何而建造？
6. 明长城东起什么地方？西至什么地方？共有多长？
7. 故宫位于北京市中心，它的重要建筑特点和重要活动是什么？
8. 颐和园是哪个朝代修建的？是哪个皇帝为谁而修建的？在昆明湖里泛舟、在万寿山下听戏是指哪个代表人物?

9. 天坛是由哪两代皇帝所建造?在此举行什么活动?

10. 北京是中国的首都、直辖市、国家中心城市,请介绍它的文化。

第二节　华北地区航线

本节以中国国际航空股份有限公司执行北京至呼和浩特及北京至太原航线为例,对华北地区这两条航空航线作了较全面的介绍,以图文并茂的形式展示航空公司在此航线飞行的航路,同时还对目的地机场、城市、部分景区进行了介绍。

一、北京—呼和浩特 (PEK—HET)

北京到呼和浩特:飞机从北京出发,经过河北,飞越燕山山脉、京杭运河、黄河,到达内蒙古呼和浩特。

(一)航线地标

航班号:CA1111。

北京首都国际机场—呼和浩特白塔国际机场。(PEK—HET)

飞行距离:441km。

飞行时间:50min。

飞行高度:5 700/6 000m。

飞越省区:河北、内蒙古。

飞越河流:京杭大运河、黄河。

飞越山脉:燕山山脉。

(二)飞越河流、山脉简介

1. 京杭大运河

京杭大运河全长1 794km,是世界上最长的一条人工运河,长度是苏伊士运河(190km)的9倍,巴拿马运河(80km)的21倍,纵贯南北,是中国重要的一条南北水上干线,如图2-11所示。京杭大运河背负了古代南北大量物资的运输交换,也有助于中国的政治、经济和文化的发展。它沟通了海河、黄河、淮河、长江、钱塘江五大水系,全年通航里程为877km,主要分布在黄河以南的山东、江苏和浙江三省。

图 2-11　京杭大运河

京杭大运河从公元前 486 年始凿，至公元 1293 年全线通航，前后共持续了 1779 年。在漫长的岁月里，京杭大运河主要经历三次较大的兴修过程。

2. 黄河

黄河是我国第二条大河，世界第五长河，源于青藏高原的巴颜喀拉山北麓，流经青海、四川、甘肃、宁夏、内蒙古、陕西、山西、河南、山东九个省、自治区，由山东垦利县注入渤海，全长 5 464km，流域面积达 75 万平方千米，如图 2-12 所示。

图 2-12　黄河

我国历史上七大古都中的安阳、西安、洛阳和开封，都在黄河流域。以古都长安为中心的唐代文化影响着世界各国尤其是亚洲邻国的文化。

黄河以丰富的乳汁哺育了中华民族，而中华民族的优秀儿女在她身旁辛勤地劳动，创造了光辉灿烂的文化。黄河，不愧是中华民族的摇篮、我国文化的发源地。

3. 燕山山脉

燕山山脉（见图 2-13）位于中国河北平原北侧，由潮白河谷到山海关，大致呈东西向，长 300 多千米，属褶皱断块山，海拔为 400～1 000m，北侧接七老图山、努鲁儿虎山，南侧为河北平原，高差大。滦河切断此山，形成峡口——喜峰口，潮河切割形成古北口等，这些地方自古为南北交通要道。

图 2-13 燕山山脉

（三）机场简介

呼和浩特白塔国际机场（简称白塔机场）位于中国内蒙古自治区首府呼和浩特，距离市区 9km。机场名称中的"白塔"得名于其附近的白塔古迹。呼和浩特白塔机场位于呼和浩特市东 14.3km 处，于 1958 年 10 月 1 日建成通航，1991 年 12 月 1 日，国务院批准白塔机场为航空口岸机场，1992 年 3 月 31 日正式对外开放。

白塔机场历经 1986 年、1996 年两次大规模扩建。2007 年 6 月，呼和浩特白塔国际机场最近一次扩建工程完工，航站区新建一座航站楼，面积 54 499m^2，可满足年吞吐旅客 300 万人次的使用要求；同时投入使用的新停机坪使用面积为 37.4 万平方米，可同时停放 32 架飞机，可降落波音 747-400 等大型客机，同时保证 A380 飞机备降。

2012 年，呼和浩特白塔国际机场共运送旅客 543.5 万人次，较 2011 年增长了 25.5%，提前 10 天完成全年 530 万人次的运输生产任务。呼和浩特白塔国际机场 2012 年共保障运输航班 55 548 架次，较 2011 年增长了 19.6%；日均旅客吞吐量 14 891 人次，日均货邮行 155.1t，同比增幅分别为 25.5%、16.4%。其中，2012 年 8 月 17 日，呼和浩特白塔国际机场运送旅客 29 382 人次，创呼和浩特白塔国际机场单日旅客吞吐量最高纪录，与 2011 年吞吐量峰值相比，增长了 39.4%。

2018 年，呼和浩特白塔国际机场旅客吞吐量 1 215.91 万人次，因此增长 17.5%；货邮吞吐量 4.02 万吨，同比增长 1.5%；起降架次 10.53 万，同比增长 8.7%。

（四）城市简介

中文名称：呼和浩特。

外文名称：Hohhot/Huh hot/Hollyhock（英语）。

别名：青城、中国乳都、国家森林城市。

行政区类别：省级省会。

所属地区：中国西北东北，内蒙古。

气候条件：中温带大陆性季风气候。

著名景点：大召小召、清真大寺、昭君墓、哈素海、五塔寺、希拉穆仁草原。

市树：油松。

市花：丁香。

市歌：呼和浩特草原的天堂。

呼和浩特，蒙古语意为"青色的城"，位于华北西北部、内蒙古自治区中部的土默川平原，是内蒙古自治区的首府，是自治区政治、经济、科技、文化、教育中心。全市总面积为1.7万平方千米，建成区面积210km^2。全市总人口291万，是一个以蒙古族为自治民族，汉、满、回、朝鲜等36个民族共同聚居的塞外名城。

优美绚丽的内蒙古草原民族文化已经传唱千古、享誉世界，当然与之同为一体的内蒙古草原民族乐器也在几千年的文化传承中扮演着极其重要的角色，在这片"歌的海洋、舞的故乡"的土地上更是凸显出与众不同的草原特色。

二、北京—太原 (PEK—TYN)

（一）航线地标

航班号：CA1145。

北京首都国际机场—太原武宿国际机场。(PEK—TYN)

飞行距离：645km。

飞行时间：55min。

飞行高度：5 700/6 000m。

飞越省份：河北、山西。

飞越河流：京杭大运河、汾河。

飞越山脉：燕山、恒山、吕梁山。

（二）机场简介

太原武宿国际机场位于太原市东南方向，距离市区13.2km。太原武宿国际机场始建于1939年，曾于1968年、1992年、2007年进行过三次扩建。经过2007年的扩建，航站楼面积为8.08万平方米，跑道及滑行道延长至3 600m，并加宽跑道及滑行道道肩，飞行区等级由 4D 升格为 4E 级，可满足当前最大机型 A380 等飞机的备降要求，为国内干线机场及北京首都国际机场的备降场。2007 年，经中国民用航空总局批准，"太原武宿机场"更名为"太原武宿国际机场"。该机场目前已开通航线 50 多条，通达国内外 40 多个城市，保障机型近 20 种。

（三）城市简介

中文名：太原市。

英文名：Taiyuan。

别称：并州、晋阳、龙城。

行政区类别：地级市、省会市。

所属地区：中国华北，山西。

著名景点：阳曲八景、晋祠、双塔寺。

气候条件：温带半干旱季风性气候。

市花：菊花。

市树：槐树。

太原，山西省会，简称并，别称并州，古称晋阳，也称"龙城"。太原濒临汾河，三面环山，自古就有"锦绣太原城"的美誉。歌曲《人说山西好风光》，是为了突出山西，尤其是其省会太原的秀美。

三、知识拓展——华北地区景区介绍

（一）呼和浩特昭君墓

呼和浩特市南郊大黑河南岸的绿野间矗立着一座传诵古今、驰名中外的西汉古墓——昭君墓，如图 2-14 所示。墓呈覆斗形，高 33m，占地 20 余亩，系人工夯筑的大土堆，巍峨高耸，远望如山。传说，因每年深秋九月，塞外草衰时，附近草木枯黄，唯独昭君墓上芳草青青，故古人又称之为"青冢"。

据汉书记载，王昭君名嫱，晋代因避讳司马昭的"昭"字，改称"明妃"或"明君"。王昭君是西汉南郡秭归人（今湖北省兴山县），元帝初（公元前 48—前 33 年）入宫为待诏。竟宁元年（公元前 33 年），匈奴呼韩邪单于向元帝提出"愿婿汉氏以自亲"的要求，王昭君毅然自请成行，遂同呼韩邪单于成亲，宁胡阏氏。此次和亲，对当时汉、匈奴和平友好关系的巩固和发展起到了积极作用。呼韩邪单于曾主动提出要为汉朝保卫边塞；汉朝也在这一年将年号改为竟宁。汉、匈奴和好，为汉、匈奴等各族人民带来了安宁，匈奴也从此

"人民炽盛，牛马布野"，因此，王昭君一向都受到人们的尊敬。出土的汉代"单于和亲"铭砖瓦，反映了当时人们对汉、匈奴之间这一壮举的广泛赞颂。据说，在内蒙古有好几处传说中的昭君墓，这些昭君墓的出现，说明了人们对王昭君的敬意和怀念，大家都希望将王昭君的名字与自己的家乡联系在一起。

图 2-14　昭君墓

（二）呼和浩特大召寺

大召寺（见图 2-15）位于内蒙古呼和浩特市旧城内玉泉区大召前街，汉名"无量寺"，蒙语称"伊克为"，意为"大庙"，始建于明朝万历七年（1579 年）。大召寺明代称"弘慈寺"，历史上又有"银佛寺""大乘法轮召""甘珠尔庙""帝庙"等多种称谓，清代崇德五年（1640 年）重修后，定名为无量寺，一直沿用至今。

图 2-15　大召寺

大召寺，是呼和浩特建造的第一座喇嘛教召庙。数百年来，一直是内蒙古地区藏传佛教的活动中心和中国北方最有名气的佛刹之一。大召寺的珍藏品极为丰富，堪称大召"三绝"的银佛、龙雕、壁画和佛殿内的各种彩塑、金铜造像、晾佛节展出的巨幅唐卡、108 部甘珠尔经卷，以及宗教活动使用的各种法器、面具等都是极为珍贵的历史文物和艺术珍品。

（三）双塔寺

三晋名刹双塔寺，位于太原市城区东南方向，距市中心4km左右的郝庄村南之向山脚畔。这里，绿树红墙，宝塔梵殿，宠阁玲珑，碑碣栉比，花卉溢香，松柏凝翠，肃穆幽静，古香古色。双塔寺的建筑方位，一反我国千百年来寺院建筑坐北朝南的传统习俗，因地势而拓建，居高临下，坐南朝北，可谓背拥太行群峰，面俯汾水一带。身临其境，凭着古老的塔身，可广瞰古城太原之全貌，晋中盆地之沃野千畴。

双塔寺始建于明代万历中叶，在万历二十五年至万历三十年(1597—1602年)之间，距今380余年。

（四）晋祠

山西省太原市西南郊25km处的悬瓮山麓，是晋水源头，有一片古建园林，统名"晋祠"。这里山环水绕、古木参天，在如画的美景中，历代劳动人民建筑了近百座殿、堂、楼、阁、亭、台、桥、榭。在苍郁的树木的掩映之下，清澈见底的泉水蜿蜒穿流于祠庙殿宇之间，历史文物与自然风景荟萃一起，使游人目不暇接、流连忘返。晋祠作为全国重点文物保护单位之一和著名的旅游胜地，常年接待着国内外成千上万的游客。

关于晋祠的故事，据《史纪·晋世家》的记载，周武王之子成王姬诵封同母弟叔虞于唐，称唐叔虞，叔虞的儿子燮，因境内有晋水，改国号为晋。后人为了奉祀叔虞，在晋水源头建立了祠宇，称唐叔虞祠，也叫作晋祠。

四、华北地区航线特点

华北地区航线的特点如下。

(1) 华北地区大面积雾霾及雨雪冰冻天气时有发生，给航空运输保障工作增添了许多不确定因素，也给航空安全保障工作增加了难度。

(2) 旅客具有北方人豪放、憨厚的性格。大多较朴实，对服务细节不太挑剔，客舱比较安静。

(3) 普通舱旅客初次乘机的较多，对客舱设备不太熟悉。

练习题

1. 王昭君是哪个朝代的人物？她为何嫁给匈奴呼韩邪单于？

2. 在内蒙古地区很有影响力的大召寺为何又称作银佛寺？
3. 请介绍华北地区机场名称及三字代码。
4. 京杭大运河是世界上最长的一条什么河？全长是多少？它沟通了哪几大水系？
5. 北京—太原航线飞越的省份、山脉有哪些？
6. "歌的海洋、舞的故乡"更是凸显了哪个民族与众不同的特色？
7. 中国古代劳动人民巧夺天工，创造的人间奇迹有哪些？请举例说明。
8. 黄河是中华民族的摇篮，是中国文化的发源地。请介绍黄河的历史发展。

第三节　西北地区航线

本节以中国国际航空股份有限公司执行北京至兰州及北京至西安航线为例，对西北地区这两条航空航线作了较全面的介绍，以图文并茂的形式展示航空公司在此航线飞行的航路状况，同时还对目的地机场、城市、部分景区进行了介绍。

一、北京—兰州 (PEK—DNH)

（一）航线地标

航班号：CA1271。

首都国际机场—兰州中川机场。(PEK—ZGC)

飞行距离：1 356km。

飞行时间：2h35min。

飞行高度：9 200/9 500m。

飞越省区：河北、山西、内蒙古、宁夏、甘肃。

飞越城市：北京、包头、景泰、中川、兰州。

飞越河流：黄河。

飞越山脉：燕山山脉、贺兰山。

（二）机场简介

兰州中川机场是甘肃省的枢纽机场，坐落在祖国西北边陲金城兰州，是国家实施西部大开发战略后改扩建的第一座西部地区机场。兰州中川机场距离兰州市区70km。

兰州中川机场现已开通兰州至北京、上海、广州、深圳、成都、西安、南京、杭州、敦煌、嘉峪关等近30条航线，并开通每周二飞往中国香港的定期旅游包机航线。

目前，东方航空公司、中国国际航空公司、南方航空公司、海南航空公司、山东航空公司、厦门航空公司、四川航空公司、长安航空公司、鲲鹏航空公司等多家航空公司已在中川机场开辟了40余条航线，形成了以兰州为中心，连接北京、上海、广州、桂林、成都、西安、乌鲁木齐、沈阳等40多个大中城市和日本冲绳、中国香港、马来西亚的航空网络。

（三）城市简介

中文名称：兰州。

外文名称：Lanzhou。

别名：金城、陆都。

行政区类别：副省级市，省会。

所属地区：中国西北，甘肃。

气候条件：温带大陆性气候。

著名景点：中山桥，五泉山公园，白塔山公园。

市花：玫瑰。

市树：国槐。

兰州是甘肃省省会，中国西北第二大城市，西北区域中心城市和交通枢纽，是中国原七大军区之一的兰州军区本部所在地，也是中国18个铁路局之一的兰州铁路局本部。市区南北群山环抱，东西黄河穿城而过，具有带状盆地城市的特征。兰州地处黄河上游，属中温带大陆性气候，年平均降水量360mm，年平均气温10.3℃，全年日照时数平均2 446h，无霜期180d以上。

兰州是唯一一个黄河穿越市区中心的省会城市，市区依山傍水，山静水动，形成了独特而美丽的城市景观。

二、北京—西安 (PEK—SIA)

（一）航线地标

航班号：CA1289。

北京首都国际机场—西安咸阳国际机场。(PEK—XIY)

飞行距离：1 046km。

飞行时间：1h 50min。

飞行高度：9 200/9 500m。

飞越省区：北京、河北、山西、陕西。

飞越河流：汾河、黄河、渭河。

飞越山脉：太行山、吕梁山、秦岭、华山。

（二）机场简介

西安咸阳国际机场，位于中国陕西省西安市西北方向的咸阳市渭城区，距西安市区25km，为4F级民用国际机场，是中国八大区域枢纽机场之一、国际定期航班机场、世界前百位主要机场。2014年6月成为西北第一个、中国第八个实行72h过境免签政策的航空口岸。西安咸阳国际机场拥有三座航站楼，分别为T1航站楼、T2（国内）航站楼和T3（国内及国际）航站楼，共35万平方米；共有两条跑道，跑道长度分别为3 000m、3 800m；停机机位127个、登机桥44个、货运区2.5万平方米；可保障高峰小时旅客吞吐量1万人次、年旅客吞吐量5 000万人次、货邮吞吐量40万吨的运行需要；咸阳机场与国内外62家航空公司建立了航空业务往来，通航城市达171个，开通国内外航线313条。

2016年，西安咸阳国际机场旅客吞吐量3 699.45万人次，同比增长12.2%；货邮吞吐量23.37万吨，同比增长10.5%；起降架次29.1万，同比增长9.0%。

以西安咸阳国际机场为始发点，1h航程可覆盖成都、重庆、武汉、郑州、兰州、西宁、银川等中西部主要城市，2h航程可覆盖全国70%的领土和85%的经济资源，3h航程能够覆盖国内所有省会城市和重要的旅游城市，地理位置在全国航线网络中具有得天独厚的优势。

（三）城市简介

中文名称：西安市。

外文名称：Xi'an。

别名：长安。

行政区类别：副省级市，省会。

所属地区：中国西北，陕西。

气候条件：森林茂密，水量丰沛，气候湿润。

著名景点：钟鼓楼、大雁塔、秦始皇陵兵马俑、华清池、碑林、大明宫。

市花：石榴花。

西安是举世闻名的世界四大文明古都之一，居中国四大古都之首，是中国历史上建都朝代最多、影响力最大的都城，是中华文明的发祥地、中华民族的摇篮、中华文化的杰出代表，是联合国教科文组织最早确定的"世界历史名城"和国务院最早公布的国家历史文化名城之一，是世界著名旅游胜地。

如今的西安是中国七大区域中心城市之一,亚洲知识技术创新中心,新欧亚大陆桥中国段和黄河流域最大的中心城市,中国大飞机的制造基地。2011年国务院《全国主体功能区规划》将西安确定为"全国历史文化基地"。

三、知识拓展——西北地区景区介绍

(一)敦煌莫高窟

敦煌莫高窟是指甘肃省敦煌市境内的莫高窟,是我国著名的四大石窟之一,是世界上现存规模最宏大、保存最完好的佛教艺术宝库,也是举世闻名的佛教艺术中心,其珍藏的艺术珍品是中外交流的瑰宝。人们都把莫高窟称为甘肃的一颗明珠,如图2-16所示。

图2-16 敦煌莫高窟

敦煌莫高窟的壁画形象逼真,尤其是"飞天"图案,被唐朝人赞誉为"天衣飞扬、满壁风动",成为敦煌壁画的象征。

莫高窟位于甘肃省敦煌市东南25km处,开凿在鸣沙山东麓断崖上,南北长约1 600多米,上下排列五层,高低错落有致,鳞次栉比,形如蜂房鸽舍,壮观异常。

莫高窟虽然在漫长的岁月中受到大自然的侵袭和人为的破坏,但至今保留有从十六国、北凉、北魏、西魏、北周、隋、唐、五代、宋、西夏、元、清等十多个朝代的洞窟439个。

(二)麦积山

麦积山坐落于"陇上江南"天水,以烟雨麦积、绝壁佛国闻名于世,是西秦岭山脉小陇山中的一座孤峰,如图2-17所示。麦积山风景名胜区总面积215km^2,包括麦积山、仙人崖、石门、曲溪四大景区和街亭古镇。麦积山石窟为中国四大石窟之一,其他三窟分别为敦煌莫高窟、龙门石窟和云冈石窟。麦积山石窟属全国重点文物保护单位,也是闻名世界的艺术宝库。

图 2-17 麦积山

麦积山，又名麦积崖，海拔 1 742m，距天水火车站 30km，山高只有 142m，但山的形状奇特，孤峰崛起，犹如麦垛，人们便称之为麦积山。山峰的西南面为悬崖峭壁，著名的麦积山石窟就开凿在这峭壁上，有的距山基二三十米，有的达七八十米。在如此陡峻的悬崖上开凿成百上千的洞窟和佛像，在我国石窟中是罕见的。

（三）秦始皇陵兵马俑

秦始皇陵兵马俑博物馆坐落在距西安 37km 的临潼区东，南倚骊山，北临渭水，气势宏伟，是全国重点文物保护单位。1974 年 2 月，有农民在秦始皇陵东侧 1.5km 处打井时偶然发现了兵马俑，一个埋藏 2 000 多年的地下军阵就这样被挖掘出来，这就是秦始皇的陪葬兵马俑坑，并相继进行发掘和建馆保护。三个坑呈"品"字形，总面积 22 780m^2，坑内置放与真人马一般大小的陶俑、陶马共 7 400 余件。三个坑分别定名为一、二、三号兵马俑坑，展出的兵马俑共计 8 000 个，排列成阵，气势壮观。1987 年 12 月，秦始皇陵兵马俑对外开放，并被列入世界文化遗产名录，如图 2-18 所示。

图 2-18 秦始皇陵兵马俑

秦始皇陵兵马俑是世界考古史上最伟大的发现之一。1978 年，法国前总理希拉克参观后说:"世界上有了七大奇迹,秦俑的发现,可以说是八大奇迹了。不看秦始皇陵兵马俑,不能算来过中国。"从此,秦始皇陵兵马俑被世界誉为"第八大奇迹"。秦始皇陵兵马俑陪葬坑,是世界最大的地下军事博物馆。

(四)大雁塔

大雁塔建于唐高宗永徽三年,因坐落在慈恩寺,故又名慈恩寺塔。慈恩寺是唐长安城内最著名、最宏丽的佛寺,它是唐代皇室敕令修建的。唐三藏玄奘曾在这里主持寺务,领管佛经译场,创立佛教宗派,寺内的大雁塔就是他亲自督造的,如图 2-19 所示。

图 2-19　大雁塔

大雁塔初建时只有五层,武则天时重修,后来又经过多次修整,现在的塔是七层,高 64m,呈方形角锥状,塔身为青砖砌成,各层壁面作柱枋、栏额等仿木结构,每层四面都有券砌拱门。这种楼阁式砖塔、造型简洁、气势雄伟,是我国佛教建筑艺术的杰作。大雁塔底层南门两侧,镶嵌着唐代著名书法家褚遂良书写的两块石碑:一块是《大唐三藏圣教序》;另一块是唐高宗撰《大唐三藏圣教序记》。碑侧蔓草花纹,图案优美,造型生动。这些都是研究唐代书法、绘画、雕刻艺术的重要文物。

四、西北地区航线特点

西北地区航线的特点如下。

(1) 乘客具有西北人的豪放、憨厚的性格,大多较朴实,客舱比较安静。

(2) 普通舱中的不少乘客对客舱设备不太熟悉。

(3) 到西安、敦煌旅游的乘客占多数,多为韩国、日本和欧洲的旅行团,时间观念较强,对旅游景点的历史由来比较感兴趣。而来自韩国、日本的游客多数为老人,懂英语的不多,因此在语言沟通上比较困难。

(4) 夏季的西安比较炎热，在飞机上应注意调节客舱温度和提供冷饮。

练习题

1. 西安属于我国哪个地区？简单介绍西安的历史背景及文化遗产。
2. 熟记国内西北地区机场名称及三字代码。
3. 陕西、山西、青海、甘肃四省份中哪个是属于西北区域的省份？
4. 西安秦始皇陵兵马俑在1987年12月被列入什么世界遗产名录？
5. 北京—兰州航线飞越的河流、山脉、飞行时间、飞行距离各是怎样的？
6. 为什么说西安秦始皇陵兵马俑陪葬坑是世界上最大的地下军事博物馆？
7. 著名景区大雁塔位于中国的哪座城市？

第四节 中南地区航线

本节以中国国际航空股份有限公司执行北京至广州及北京至武汉航线为例，对中南地区这两条航空航线作了较全面的介绍，以图文并茂的形式展示航空公司在此航线飞行的航路状况，同时还对目的地机场、城市、部分景区进行了介绍。

一、北京—广州 (PEK—CAN)

北京到广州：飞机从北京出发，经过河北省魏县，飞越黄河，进入河南省周口，经过淮河、河口，经湖北武汉，飞越长江、洪湖，进入湖南省，途经龙口、醴陵，越过罗霄山、南岭，到达广东省广州。

（一）航线地标

航班号：CA1301。

北京首都国际机场—广州白云国际机场。(PEK—CAN)

飞行距离：2 000km。

飞行时间：2h40min。

飞行高度：9 800/10 100m。

飞越省份：河北、河南、湖北、湖南、广东。

飞越河流：黄河、淮河、长江、珠江。

飞越湖泊：洪湖。

飞越山脉：罗霄山、南岭、白云山。

（二）航路飞越河流山脉简介

1. 淮河

淮河流域地处我国东部，介于长江和黄河两流域之间，全长约 1 000km，流域面积为 274 657km²。淮河发源于河南省桐柏山老鸦叉，东流经河南、安徽、江苏三省，淮河下游水分三路，主流通过三河闸，出三河，经宝应湖、高邮湖，在三江营入长江。淮河和秦岭一起构成了中国地理北方、南方的分界线，如图 2-20 所示。

图 2-20　淮河

淮河流域西部、西南部及东北部为山区、丘陵区，其余为广阔的平原。山丘区面积约占总面积的 1/3，平原面积约占总面积的 2/3。流域西部的伏牛山、桐柏山区，一般高 200～500m，沙颍河上游石人山高达 2 153m，为全流域的最高峰；南部大别山区高 300～1 774m；东北部沂蒙山区高 200～1 155m。

2. 长江

长江不仅是中国第一大河，也是亚洲第一大河，同时是世界第三大河，全长 6 300km，流域面积 180 万平方千米。长江发源于青藏高原的唐古拉山脉主峰各拉丹东雪山，干流流经青海、西藏、四川、云南、湖北、湖南、江西、安徽、江苏、上海 10 个省、市、自治区，最后注入东海，如图 2-21 所示。

3. 珠江

珠江是华南地区最大的河流，西江、东江和北江三条河流从三个方向流向珠江口，总称为珠江，旧称粤江，或叫珠江河，全长 2 320km，如图 2-22 所示。珠江流域在中国境内面积为 44.21 万平方千米，另有 1.1 万余平方千米在越南境内。

图 2-21 长江

图 2-22 珠江

4. 洪湖

洪湖英文名 Hung Lake，亦作 Hong Hu，位于湖北省南部长江与东荆河间的洼地中，是中国第七大淡水湖，湖北省第一大湖。湖面高 25m，面积 413km²，东西两侧与长江相通，是鱼类繁殖的良好场所，如图 2-23 所示。

5. 罗霄山

罗霄山是万洋山、诸广山和武功山的统称，位于中国湖南和江西的交界，是两省的自然界线，也是湘江和赣江的分水岭，如图 2-24 所示。罗霄山长 400km，主要山峰海拔多在 1 000m 以上，笠麻顶为最高峰，海拔 2 120.4m，其周围海拔 2 000m 以上的姐妹峰有神农峰、湖洋顶、封官顶、猴头岗、火烧溪等。

图 2-23　洪湖

图 2-24　罗霄山

6. 南岭

南岭位于中国湖南省、江西省、广东省、广西壮族自治区四省（区）边境，西起广西西北，经湖南、江西南部至广东省北部，东西绵延 1 400km，是长江、珠江水系的分水岭，海拔一般在 1 000m 左右。南岭是条分界线，南北分得很清：岭南是粤桂，岭北是湘赣；一边属华南，一边属江南，如图 2-25 所示。

7. 白云山

白云山是位于广州市东北部的南粤名山，自古就有"羊城第一秀"之称，位居新世纪羊城八景之首，是广东省远近驰名的踏青胜地。整个山体由远近连绵的 30 多座山峰组成，为广东最高峰九连山的支脉，其中的主峰摩星岭高约 380m，层峦叠嶂，溪涧纵横，足以俯瞰广州全市。每当暮春时节或空山新雨之后，山峦间便可见白云缭绕、薄雾弥漫，蔚为壮观，白云山也由此而得名，如图 2-26 所示。

图 2-25 南岭

图 2-26 白云山

（三）机场简介

广州新白云国际机场位于广州市北部，距现白云机场直线距离约 17km，距广州市中心海珠广场直线距离约 28km，总投资逾 200 亿元人民币，于 2004 年 8 月 5 日正式启用，是目前国内规模最大、功能最先进、现代化程度最高的国际机场之一，是全国三大枢纽机场之一。该机场荣获"2005 年中国十大建设科技成就"奖。广州新白云国际机场是广州市的一个新标志性建筑、一个展示新广州形象的窗口。

该机场 IATA 代码源于广州的罗马拼音 Canton 的缩写。该机场目前为中国南方航空、海南航空、深圳航空、联邦快递的枢纽机场及中国国际航空的重点机场。广州新白云国际机场第三跑道、二号航站楼分别于 2014 年、2016 年建成并投入使用。

（四）城市简介

中文名称：广州。

外文名称：Guangzhou。

别名：穗、穗城、花城、羊城、五羊城。

行政区类别：副省级城市、省会。

所属地区：中国华南，广东省。

气候条件：亚热带季风气候。

著名景点：中山纪念堂、海上丝绸之路、广州塔、五羊石像、黄埔军校旧址。

市花：木棉花。

市鸟：画眉鸟。

广州是中国第三大城市，中国的南大门、国家中心城市，国务院定位的国家三大综合性门户城市和国际大都市，世界著名港口城市，中国南方的金融、贸易、经济、航运、物流、政治、军事、文化、科教中心，国家交通枢纽，社会经济文化辐射力直指东南亚。

广州有着2 000多年的历史，是中国的历史文化名城，中国最大、历史最悠久的对外通商口岸，海上丝绸之路的起点之一，有"千年商都"之称。作为中国对外贸易的窗口和国家门户城市，广州外国人士众多，被称为"第三世界首都"，也是全国华侨最多的城市，与北京、上海并称"北上广"。

二、北京—武汉 (PEK—WUH)

（一）航线地标

航班号：CA1333。

起降地：北京首都国际机场—武汉天河国际机场。(PEK—WUH)

飞行距离：1 120km。

飞行时间：1h25min。

飞行高度：9 000/9 600m。

飞越省份：河北、河南、湖北。

飞越河流：黄河、淮河、长江。

（二）机场简介

武汉天河国际机场，是中国民航总局指定的华中地区唯一的综合枢纽机场和最大的飞机检修基地，机场设施完备，可起降各种大型客机，距离市区34km。武汉天河国际机场是中国大陆地区最繁忙的民用机场之一，旅客吞吐量和货邮吞吐量均位居前列。2010年5月9日，天河机场三期正式开建。2010年12月28日，新国际航站楼建成正式启用。

目前武汉天河国际机场有四家驻场航空公司：中国国际航空公司湖北分公司，拥有

A320-200型飞机；中国南方航空股份有限公司湖北分公司，拥有B737-700、B737-800型飞机；中国东方航空武汉有限责任公司，拥有B737-300、B737-800和ERJ145型飞机；武汉友和道通航空公司（货运），拥有B747-200F型飞机。

（三）城市简介

中文名称：武汉。

外文名称：Wuhan。

别名：汉、江城、桥都、九省通衢。

行政区类别：省会/副省级城市/区域中心城市。

所属地区：中国华中，武汉。

方言：汉语-西南官话、武天片、武汉话。

气候条件：亚热带季风气候。

著名景点：黄鹤楼、红楼、东湖、武汉江滩、江汉路、武汉长江大桥、归元寺。

市树：水杉。

市花：梅花。

武汉是位于长江、汉水交汇处的一颗璀璨明珠，是湖北省省会和政治、经济、文化的中心，也是我国六大中心城市之一。世界第三大河长江及其最长支流汉江横贯市区，将武汉分为武昌、汉口、汉阳三区鼎立的格局。

武汉是全国首个综合交通枢纽试点城市，中国的经济地理中心，被誉为世界开启中国内陆市场的"金钥匙"、经济发展的"立交桥"，有承东启西、接南转北、吸引四面、辐射八方的区位优势。如今武汉正以"复兴大武汉"为目标，重返国家中心城市和国际化大都市之列。

武汉也称为"江城"，唐代大诗人李白在《与史郎中饮听黄鹤楼上吹笛》诗中写道："一为迁客去长沙，西望长安不见家。黄鹤楼中吹玉笛，江城五月落梅花。"从此"江城"成为武汉的代称。

三、知识拓展——中南地区景区介绍

（一）广州中山纪念堂

中山纪念堂是广州人民和海外华侨为纪念孙中山先生集资兴建的，1929年1月动工，1931年11月建成。原是1921年孙中山先生在广州出任临时大总统时的总统府旧址。中山纪念堂是一座八角形的宫殿式建筑，全部建筑面积3700多平方米，高49m，是广州近代著名的建筑杰作,是由建筑师吕彦直设计的。现在,中山纪念堂已成为广州市重要集会和文艺演出的场所,如图 2-27 所示。

图 2-27　广州中山纪念堂

(二)深圳世界之窗

深圳世界之窗是由香港中旅集团和华侨城集团共同投资建设的大型文化旅游景区,1994 年 6 月 18 日开园,是国家首批 5A 级旅游景区,如图 2-28 所示。深圳世界之窗占地 48 万平方米,景区按世界地域结构和游览活动内容分为世界广场、亚洲区、大洋洲区、欧洲区、非洲区、美洲区、世界雕塑园和国际街八大区域。

图 2-28　深圳世界之窗

深圳世界之窗荟萃了几千年人类文明的精华,有历史遗迹、名胜、自然风光、世界奇观、民居、雕塑等 130 多个景点,其中包括园林艺术、民俗风情、民间歌舞、大型演出以及高科技参与性娱乐项目等。

(三)桂林漓江

桂林漓江风景区是世界上规模最大、风景最美的岩溶山水游览区,千百年来它陶醉了无数的文人墨客,如图 2-29 所示。桂林漓江风景区以桂林市为中心,北起兴安灵渠,南至阳朔,由漓江一水相连。桂林山水向来以"山清、水秀、洞奇"三绝闻名中外。桂林漓江风景区游览胜地繁多,在短期内只能择其主要景点进行游览,其中一江(漓江)、两洞

（芦笛岩、七星岩）、三山（独秀峰、伏波山、叠彩山）具有代表性，它们基本上是桂林山水的精华所在。

图2-29　桂林漓江

（四）天涯海角

天涯海角风景区，从三亚市出发沿海滨西行26km，到达马岭山下，游客至此似乎到了天地之尽头。古时候交通闭塞，"鸟飞尚需半年程"的琼岛，人烟稀少，荒芜凄凉，是封建王朝流放"逆臣"之地，来到这里的人，来去无路，望海兴叹，故谓之"天涯海角"。宋朝名臣胡铨哀叹"区区万里天涯路，野草若烟正断魂"，唐代宰相杨炎用"一去一万里，千之千不还。涯州在何处，生渡鬼门关"的诗句倾吐了受贬谪的遭遇。这里记载着历史上贬官逆臣的悲剧人生，经历代文人墨客的题咏描绘，成为我国富有神奇色彩的著名游览胜地，如图2-30所示。

图2-30　天涯海角

这里碧水蓝天一色，烟波浩渺，帆影点点，椰林婆娑，奇石林立，那刻有"天涯""海角""南天一柱""海南南天"等巨石雄峙海滨，使整个景区如诗如画，美不胜收。

（五）南山寺

南山寺位于海南省三亚市以西40km南山文化区内的"佛教文化公园"中。南山居琼州之南，山高 500 多米，形似巨鳌，又若观音菩萨慈航普度坐骑之相。1993 年，经阮崇武先生倡议，中国国务院宗教局、中国佛教协会同意，海南省政府正式批准兴建南山寺，先后又批准在寺侧兴建南山佛教文化苑，在寺前海中塑高 108m 的观音巨型铜像。山之毗邻，左为天涯海角，右为大东海。

南山寺金玉观音由观音金身、佛光、千叶宝莲、紫檀木雕须弥底座四部分组成，高度为 3.8m，耗用黄金 100 多千克、120 多克拉南非钻石、数千粒红蓝宝石、祖母绿、珊瑚、松石、珍珠及 100 多千克翠玉等奇珍异宝，采用中国传统"宫廷金细工"手工艺制造。观音金身由 200 多片平均厚度 1.2mm 的金片经手工敲打成型，再焊接而成。由于运用了不同的工艺处理方法，从而使金像产生了不同的色彩与质感，如图 2-31 所示。

图 2-31　南山寺金玉观音

（六）黄鹤楼

黄鹤楼位于武昌蛇山之巅。楼北是滚滚东流的长江，楼左、楼右和楼南是繁华的市区。1884 年，黄鹤楼毁于大火，此后 100 余年，黄鹤楼只有一个令人梦想追思的遗址。黄鹤楼被中国历代许多著名的诗人吟诗颂赞，一直享有"天下绝景"的盛誉，与湖南的岳阳楼、江西的滕王阁并称为江南三大名楼，如图 2-32 所示。

新的黄鹤楼于 1985 年 6 月落成。整个建筑由主楼、配亭、轩廊、牌坊组成，分布于三层平台之上。第一平台是黄鹤楼西大门，平台中立有乳白色胜象宝塔，即白塔，有人说它是"孔明灯"，实为武汉市的一座古老的石塔。第二平台是气宇轩昂、堂皇富丽的牌坊，两边的明轩、曲廊与牌坊相连接，循廊而去可达南北配亭，配亭中央，有巨石耸立，两只铜铸的黄鹤偎依、伫立在巨石之上，给人以黄鹤归来之感。第三层平台上便是气势恢宏、神奇壮观的黄鹤楼主楼了。

图 2-32 黄鹤楼

（七）武汉长江大桥

武汉长江大桥位于湖北省武汉市，横卧于武昌蛇山和汉阳龟山之间的长江江面上，是中国第一座横跨长江的桥梁，被称为"万里长江第一桥"。武汉长江大桥为公路、铁路两用桥，上层为公路，双向四车道，两侧有人行道；下层为复线铁路。1956年6月，毛泽东曾由武昌游泳横渡长江，到达汉口，视察大桥施工后写下了"一桥飞架南北，天堑变通途"这一脍炙人口的诗句，如图 2-33 所示。

图 2-33 武汉长江大桥

武汉长江大桥全桥总长 1 670m，其中正桥长 1 156m，西北岸引桥长 303m，东南岸引桥长 211m。从基底至公路桥面高 80m，下层为双线铁路桥，宽 14.5m，两列火车可同时对开。上层为公路桥，宽 22.5m，其中：车行道 18m，设 4 车道；车行道两边的人行道各 2.25m。桥身为三联连续桥梁，每联 3 孔，共 8 墩 9 孔，每孔跨度为 128m，为终年巨轮航行无阻起了很大的作用。

（八）马王堆汉墓

马王堆汉墓位于长沙市东郊长浏公路北侧，距市中心约 4km，据地方志记载为五代时期楚王马殷家族的墓地，故名马王堆。堆上东西又各凸起土冢一个，其间相距 20 余米，形似马鞍，故也称为马鞍堆。

四、中南地区航线特点

中南地区航线的特点如下。
(1) 广州、深圳航线商务人士和做生意的旅客较多。
(2) 部分旅客习惯讲地方话。
(3) 无人陪伴和第一次乘坐飞机的旅行团老年旅客较多。
(4) 军事演习情况较多，经常因空军演习等原因影响民航的正常航班。
(5) "海岛游"旅客较多，常年往返旅游或居住在三亚、海口等城市。

练习题

1. 北京—广州航线飞越哪些省份、山脉？
2. 淮河流域地处我国东部，介于哪两条河流之间？
3. 请介绍一下我国的洪湖。
4. 珠江是中南地区最大的河流，它的全长是多少千米？
5. 广州中山纪念堂是为纪念中华民族哪位先驱而修建的？其建筑特点有哪些？
6. 中国第一个经济特区是指哪座城市？该经济特区一直发挥着"试验田"的作用，创下了哪些"中国第一"？
7. 桂林山水以哪三绝闻名遐迩？
8. "四季如夏鲜花盛开，三冬不见霜和雪"，素有"东方夏威夷"之称的是中国的哪座城市？
9. "天涯海角"位于中国哪座城市？
10. 位于武昌，一直被许多著名诗人吟诗颂赞"天下绝景"的是什么？

第五节　西南地区航线

本节以中国国际航空股份有限公司执行北京至昆明及北京至成都航线为例，对西南地区这两条航空航线作了较全面介绍，以图文并茂的形式展示航空公司在此航线飞行的航路状况，同时还对目的地机场、城市、部分景区、西南地区部分景区、航线特点进行了介绍。

一、北京—昆明 (PEK—KMG)

北京—昆明航线：飞机从北京出发，经河北省进入山西太原，跨过黄河，飞越陕西的华山，省会古城西安，穿过四川、重庆，飞越长江，经过贵州，最后到达云南省省会昆明。

（一）航线地标

航班号：CA4172。

起降地：北京首都国际机场—昆明长水国际机场。(PEK—KMG)

飞行距离：2 210km。

飞行时间：3h35min。

飞行高度：9 800/10 100m。

飞越省份：河北、山西、陕西、四川、贵州、云南。

飞越河流：汾河、黄河、渭河、长江。

飞越山脉：太行山、吕梁山、秦岭、华山。

飞越湖泊：滇池。

（二）航路飞越的河流、山脉简介

1. 汾河

汾河是山西省最大的河流，全长710km，也是黄河的第二大支流。

2. 渭河

渭河古称渭水，是黄河的最大支流，发源于甘肃省定西市渭源县鸟鼠山，主要流经陕西省关中平原的宝鸡、咸阳、西安、渭南等地，至渭南市潼关县汇入黄河。渭河南有东西走向的秦岭横亘，北有六盘山屏障。渭河全长818km，流域面积13.43万平方千米。

3. 太行山

太行山又名五行山、王母山、女娲山，是中国东部地区重要山脉和地理分界线，耸立于北京、河北、山西、河南四省市间。太行山北起北京西山，南达豫北黄河北崖，西接山西高原，东临华北平原，绵延400余千米，为山西东部、东南部与河北、河南两省的天然界山。它由多种岩石结构组成，呈现不同的地貌，大部分海拔在1 200m以上，北高南低。

4. 吕梁山

吕梁山是我国黄土高原上的一条重要山脉，它是黄河中游黄河干流与支流汾河的分水岭，位于山西西部，呈东北—西南走向，整个地形呈穹隆状，中间一线凸起，两侧逐渐降低。这条连绵不断的崇山峻岭，宛如一条脊梁，绵延400多千米，纵贯三晋西部，由北而南包括管涔山、芦芽山、云中山、关帝山、紫荆山、龙门山，其主峰在关帝山。

5. 秦岭

秦岭是横贯中国中部的东西走向山脉，西起甘肃南部，经陕西南部到河南西部，主体位于陕西省南部与四川省北部交界处，呈东西走向，长约1 500km，为黄河支流渭河与长江支流嘉陵江、汉水的分水岭，如图2-34所示。秦岭—淮河是中国地理上最重要的南北分界线，秦岭还被尊为华夏文明的龙脉。

图2-34 秦岭

6. 华山

西岳华山，位于陕西省东部，靠近河南省华阴市南，距西安120km。华山之险居五岳之首，有"自古华山一条路"的说法，素有"奇险天下第一山"之誉！华山的千姿百态被有声有色地勾画出来，是国家级风景名胜区，国家5A级旅游景区，如图2-35所示。

图2-35 华山

华山海拔2 154.9m，古称"西岳"，是我国著名的五岳之一，也是秦岭的一部分。华山观日处位于华山东峰（亦称朝阳峰），朝阳台为最佳地点。华山还是道教圣地，为"第四洞天"，陈抟、郝大通、贺元希就是华山道教高人。

（三）机场简介

昆明长水国际机场，通常被称为昆明新机场，全球百强机场之一，是中国面向东南亚、南亚和连接欧亚的继北京、上海和广州之后的第四大国家门户枢纽机场。昆明长水国际机场总建筑面积仅次于北京、上海、香港机场，居全国第四、世界第五。其前身是昆明巫家坝国际机场，2012年6月28日正式运营。2012年7月4日昆明长水机场使用之后，机场每天均起降航班650架次左右，其中国际航班38架次左右，日吞吐量可达8万人次，日最高起降航班796架次。

昆明长水国际机场位于官渡区大板桥街道长水村与花箐村，在昆明市东北方向，距离市中心直线距离约24.5km。

（四）城市简介

中文名称：昆明。

外文名称：Kunming。

别名：春城。

行政区类别：副省级，省会。

所属地区：中国西南，云南。

气候条件：亚热带季风气候。

著名景点：滇池、圆通寺、昆明动物园、翠湖公园、金碧广场、昙华寺等。

市花：山茶花。

市树：玉兰树。

昆明，云南省省会，首批国家级历史文化名城，云南省唯一的特大城市和西部第四大城市，是云南省政治、经济、文化、科技、交通中心枢纽，是西部地区重要的中心城市和旅游、商贸城市之一。

昆明是国家一级口岸城市，滇中城市群的核心圈、亚洲5h航空圈的中心，中国面向东南亚、南亚开放的门户枢纽，中国唯一面向东盟的大都市。昆明夏无酷暑、冬无严寒、气候宜人，是典型的温带气候，城区温度为0~29℃，年温差为全国最小。这种全球极少有的气候特征使得昆明以"春城"而享誉中外。

二、北京—成都 (PEK—CTU)

（一）航线地标

航班号：CA1405。

起降地：北京首都国际机场—成都双流国际机场。(PEK—CTU)

飞行距离：1 600km。

飞行时间：2h40min。

飞行高度：9 500/9 200m。

飞越省份：河北、山西、陕西、四川。

飞越河流：汾河、黄河、渭河、嘉陵江。

（二）机场简介

成都双流国际机场是中国中西部地区最繁忙的民用枢纽机场，中国西南地区的航空枢纽和重要客货集散地，是前往拉萨贡嘎机场的最大中转机场，也是前往昌都邦达机场、林芝米林机场的唯一中转机场，距离市区17km。

成都双流国际机场是中国国际航空西南分公司、四川航空股份有限公司、成都航空股份有限公司、深圳航空股份有限公司、东航四川分公司的基地机场。该机场自1987年建成以后，连续16年位居中国十大繁忙机场之列，机场排名全国第五，城市排名全国第四，并始终保持空地安全事故为零的纪录，1998年率先在中国机场业中通过ISO 9001质量体系认证，2018年旅客吞吐量达到5 295万人次。

（三）城市简介

中文名称：成都。

外文名称：Chengdu City。

别名：蓉城。

行政区类别：副省级城市。

所属地区：中国西南，四川。

气候条件：亚热带季风气候。

著名景点：都江堰、青城山、宽窄巷子、西岭雪山、杜甫草堂、金沙遗址。

成都形象标识：太阳神鸟。

市花：芙蓉。

市树：银杏。

成都简称"蓉",别称"蓉城",是国家区域中心城市(西南),是中国西部地区第一个开通地铁的城市。成都是中国开发最早、持续繁荣时间最长的城市之一,为第一批国家历史文化名城之一,如图 2-36 所示。有详细史料可考的成都建城时间是公元前 316 年,距今已有 2 300 余年的历史,为我们留下了众多著名的人文景观。

图 2-36　成都

成都的自然风貌也独具一格,拥有多个国家级省级森林公园和自然保护区,其中卧龙自然保护区是观赏国宝熊猫的最佳去处,被称为"熊猫之乡"。

三、知识拓展——西南地区景区介绍

(一)昆明滇池

滇池位于昆明城西南,又叫昆明湖,古称滇南泽,是云南省面积最大的高原湖泊,也是全国第六大淡水湖,有着"高原明珠"之称,如图 2-37 所示。

滇池水系是全国 13 个重点保护水系之一。滇池南北长约 40km,东西宽约 8km,总面积约 300km^2,湖岸线长 163.2km,最大水深 10.4m,平均水深 4.4m。南盘江、宝象河等 20 多条河流注入滇池,出水口在海口,流入螳螂川、普渡河又汇入金沙江。

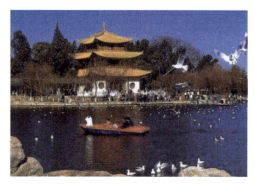 

图 2-37　昆明滇池

（二）都江堰

著名的古代水利工程都江堰，位于四川成都平原西部的岷江上都江堰市城西，古时属都安县境而名为都安堰，宋元以后都江被誉为"独奇千古"的"镇川之宝"，建于公元前3世纪，是中国战国时期秦国蜀郡太守李冰父子率众修建的一座大型水利工程，是全世界迄今为止，年代最久、唯一留存、以无坝引水为特征的宏大水利工程，是我国科技史上的一座丰碑，如图2-38所示。

图2-38　都江堰

2 200多年来，都江堰仍发挥着巨大效益，李冰治水，功在当代，利在千秋，不愧为文明世界的伟大杰作，造福人民的伟大水利工程。2000年11月，都江堰被列入世界文化遗产名录。

（三）西藏布达拉宫——世界文化遗产

在拉萨西北的玛布日山上，是著名的宫堡式建筑群——西藏布达拉宫，藏族古建筑艺术的精华，如图2-39所示。布达拉宫始建于公元7世纪，是藏王松赞干布为远嫁西藏的唐朝文成公主而建，现占地41hm^2，宫体主楼13层，高115m，全部为石木结构，5座宫顶覆盖镏金铜瓦，金光灿烂，气势雄伟。

图2-39　西藏布达拉宫

布达拉宫分为两大部分：红宫和白宫。居中央的是红宫，主要用于宗教事务；两翼刷白粉的是白宫，是达赖喇嘛生活起居和政治活动的场所。布达拉宫于1994年12月入选世界遗产名录，后来又加入了拉萨的大昭寺。2001年12月，拉萨的罗布林卡也被补充成为此项世界文化遗产。

（四）四川峨眉山、乐山大佛——世界自然与文化双重遗产

峨眉山位于四川盆地西南部，长江上游，乐山市境内，是著名的佛教名山和旅游胜地，有"峨眉天下秀"之称，是一个集佛教文化与自然风光为一体的国家级风景区。景区面积154km^2，最高峰万佛顶海拔3 099m，峨眉山层峦叠嶂，山势雄伟，景色秀丽，气象万千，动物和植物种类丰富，素有"一山有四季，十里不同天"之妙喻。

乐山大佛又名凌云大佛，地处中国四川省乐山市，岷江、青衣江和大渡河汇流处，与乐山城隔江相望。乐山大佛雕凿在岷江、青衣江和大渡河汇流处岩壁上，依岷江南岸凌云山栖霞峰的临江峭壁凿造而成为弥勒佛坐像，是唐代摩崖造像的艺术精品之一，是世界上最大的石刻弥勒佛坐像，国家5A级旅游景区。1996年12月6日，峨眉山和乐山大佛作为自然与文化双重遗产被联合国教科文组织列入世界遗产名录，如图2-40所示。

图2-40　乐山大佛和峨眉山

（五）四川九寨沟——世界自然遗产

九寨沟风景名胜区位于四川省阿坝藏族羌族自治州九寨沟县境内，距离成都市400多千米，是一条纵深40余千米的山沟谷地，因周围有九个藏族村寨而得名，总面积约620km^2，大约有52%的面积被茂密的原始森林所覆盖，如图2-41所示。

林中夹生的箭竹和各种奇花异草，使举世闻名的大熊猫、金丝猴、白唇鹿等珍稀动物乐于栖息在此。自然景色兼有湖泊、瀑布、雪山、森林之美。沟中地僻人稀，景物特异，富有原始自然风貌，有"童话世界"之誉，有长海、剑岩、诺日朗、树正、扎如、黑海六大景观，以翠海、叠瀑、彩林、雪峰、藏情这五绝而驰名中外。1992年12月，九寨沟被

列入世界自然遗产名录。

图 2-41　四川九寨沟

（六）四川黄龙——世界自然遗产

黄龙风景名胜区位于四川省阿坝藏族羌族自治州松潘县境内，面积约 700km^2，主要景观集中于长约 3.6km 的黄龙沟，沟内遍布钙华沉积，并呈梯田状排列，仿佛是一条金色巨龙，并伴有雪山、瀑布、原始森林、峡谷等景观，如图 2-42 所示。

图 2-42　四川黄龙

黄龙风景名胜区既以独特的岩溶景观著称于世，又以丰富的动植物资源享誉人间。从黄龙沟底部（海拔 2 000m）到山顶（海拔 3 800m）依次出现亚热带常绿与落叶阔叶混交林、针叶阔叶混交林、亚高山针叶林、高山灌丛草甸等，包括大熊猫、金丝猴在内的十余种珍贵动物徜徉其间，使黄龙景区的特殊岩溶地貌与珍稀动植物资源相互交织，浑然天成。黄龙风景名胜区以其雄、峻、奇、野的风景特色，享有"世界奇观""人间瑶池"的美誉。1992 年 12 月黄龙风景名胜区被列入世界自然遗产名录。

（七）重庆大足石刻——世界文化遗产

大足石刻位于重庆市，是大足县境内主要表现为摩崖造像的石窟艺术的总称，始建于唐乾元元年（758 年），以"大丰大足"而得名，是驰名中外的"石刻之乡"。其中以宝顶山和北山摩崖石刻最为著名，其以佛教造像为主，儒、道教造像并陈，是石窟造像艺术的典范。大足石刻规模之宏大，艺术之精湛，内容之丰富，可与敦煌莫高窟、云冈石窟、龙门石窟、麦积山石窟这中国四大石窟齐名，如图2-43所示。1999年12月，大足石刻被列入世界文化遗产名录。

图2-43　重庆大足石刻

（八）贵阳甲秀楼

甲秀楼是贵阳市的标志，是贵阳文化的象征。明万历二十六年(1598年)，贵州巡抚江东之在此地建楼，名甲秀楼，取科甲挺秀之意。

甲秀楼是一座木结构的阁楼，三层三檐，红棂雕窗，下有12根白石柱托住檐角，四周以白色雕花石栏围护，总高22.9m，顶层额题"甲秀楼"三字。它与涵碧潭、浮玉桥、芳杜洲、翠微阁、观音寺、武侯祠、海潮寺合成一组瑰丽的风景建筑群，旧有"小西湖八景"之称，如图2-44所示。

图2-44　甲秀楼

四、西南地区航线特点

西南地区航线的特点如下。

(1) 由于地理位置及气候原因，航路中飞行时间长，颠簸时间也比较长。

(2) 老年旅客和老年团队较多。

(3) 昆明航线旅客多是国内旅游团成员，行李多，回程旅客多采购鲜花、干花和石头等工艺品。

(4) 初次乘坐飞机的客人较多。

练习题

1. PEK—KMG 航线的飞行距离及飞行时间是多长？
2. 西南地区机场名称及城市三字代码是什么？
3. 秦岭位于中国的中部，它是怎样的走向？在中国地理位置上有什么作用？
4. 华山位于中国的哪个省？华山之险居五岳之首，有"自古华山一条路"的说法，请介绍华山险峻的特点。
5. 昆明市的简称、市花、市树分别是什么？
6. 云南省高原最大的湖泊——滇池享有什么美称？
7. 中国古代是哪两位先人为四川省人民修筑起一座水利工程造福于后代？这个水利工程名称叫什么？
8. 请介绍西安的著名景区。
9. 在四川省境内被联合国教科文组织列入世界遗产名录的是哪两个自然与文化双重遗产？
10. 贵阳市的标志及贵阳文化的象征是指哪个建筑？

第六节　华东地区航线

本节以中国国际航空股份有限公司执行北京至上海及北京至厦门航线为例，对华东地区这两条航空航线作了较全面的介绍，以图文并茂的形式展示航空公司在此航线飞行的航路状况，同时还对目的地机场、城市、部分景区、华东地区部分景区、航线特点进行了介绍。

一、北京—上海(PEK—SHA)

北京—上海航线：飞机从北京出发，途经河北省，跨过黄河，到达山东省省会济南，飞越五岳之首泰山，到达江苏省，途经洪泽湖、高邮湖、长江、无锡、太湖，最后抵达上海。

（一）航线地标

航班号：CA1501。

北京首都国际机场—上海虹桥机场。(PEK—SHA)

飞行距离：1 160km。

飞行时间：1h40min。

飞行高度：10 000/11 000m。

飞越省份：河北、山东、江苏。

飞越河流：京杭大运河、黄河、长江。

飞越湖泊：微山湖、骆马湖、洪泽湖、高邮湖、太湖。

飞越山脉：泰山。

（二）飞越主要河流、湖泊、山脉简介

1. 河流

飞越的河流有：京杭大运河、黄河和长江。

2. 湖泊

(1) 微山湖：位于山东省微山县南部的断陷湖。北与邵阳湖、独山湖和南阳湖首尾相连，水路沟通，合称南四湖。四湖中以微山湖面积最大，达660km^2，水深3m左右，是山东省最大的淡水湖，也是中国北方最大的淡水湖，是中国荷都、北方水乡、铁道游击队的故乡，京杭大运河穿湖而过，沟通了南北江河水系。微山湖南北长120km，宽度6～25km，水域面积1 266km^2，入湖主要河流有47条，平均深度1.5m，最大深度6m。

(2) 骆马湖：位于江苏省北部，跨宿迁和新沂二市，最大宽度20km，湖底高程18～21m，最大水深5.5m，大小岛屿60多个，湖水面积375km^2。水生植物芦、藕、菱、蒲等20多种，盛产鲫鱼、鲢鱼、银鱼、青虾、白虾、螃蟹、河蚌等十多种水产品，被江苏省定为苏北水上湿地保护区，又是南水北调的重要中转站。

(3) 洪泽湖：中国第四大淡水湖，位于江苏省西部淮河下游，苏北平原中部西侧，为淮河中下游接合部，是"南水北调"工程东线部分的过水通道。湖泊长度65km，平均宽度24.4km，在正常水位12.5m时，水面面积为1 597km^2。洪泽湖湖面辽阔，资源丰富，

既是淮河流域大型水库、航运枢纽，又是渔业、特产品、禽兽产品的生产基地，素有"日出斗金"的美誉。

（4）高邮湖：位于江苏省高邮市，是全国第六大淡水湖、江苏省第三大淡水湖。高邮湖连接江苏、安徽两省，又称珠湖、璧瓦湖，水域总面积760.67km^2，平均水深5.55m。水域面积648km^2，苇滩和堤坝面积112.67km^2。高邮湖为淮河的入江水道，水面宽广，环境优美，物产丰富。

（5）太湖：位于长江三角洲的南缘，中国第三大淡水湖。太湖湖泊面积2 427.8km^2，水域面积为2 338.1km^2，湖岸线全长393.2km。太湖地处亚热带，气候温和湿润，属季风气候。太湖河港纵横，河口众多，有主要进出河流50余条。太湖岛屿众多，有50多个，其中18个岛屿有人居住。

3. 山东泰山

东岳泰山位于山东省泰安市境内，为五岳之首，有"五岳独尊"之称，最高峰玉皇顶，海拔1 560m。泰山雄伟高大，风景奇伟，唐代诗人杜甫就有"会当凌绝顶，一览众山小"的赞美诗句，特别是在春秋季节，登泰山观日出尤为绮丽，每年吸引着大量游客来这里登山旅游，如图2-45所示。

图2-45　泰山日出

（三）机场简介

上海是中国大陆同时拥有两个民用国际机场的城市，一座是上海浦东国际机场，一座是上海虹桥国际机场，分别位于城市的东、西两侧。

为了适应"一市两场"的上海空港运行新格局，1998年5月28日，经上海市人民政府批准，组建了上海机场（集团）有限公司，统一经营管理上海浦东和虹桥两大国际机场。

上海已成为国内首个拥有两个机场、四个航站楼、五条跑道的城市。

1. 上海虹桥国际机场

上海虹桥国际机场(IATA 代码 SHA)位于上海市西郊。在上海浦东国际机场建成之前，虹桥国际机场一直是中国最繁忙的机场。机场占地面积达 26.4km^2，拥有长 3 400m 跑道和滑行道各一条，停机坪达 51 万平方米，有停机位 66 个，其中有 13 个登机桥位，48 个远机位，2 个专机位，2 个货机位，可满足各类飞机的起降要求，其中主要建筑是面积为 8.2 万平方米的候机楼，分为 a、b 两座，共有 15 个候机大厅，18 个贵宾室，如图 2-46 所示。上海虹桥国际机场每日平均起落航班达 540 架左右，高峰小时起落飞机达 85 架次，2017 年运送旅客量达 4 188.47 万人次，已开通了到达 91 个国内国际城市的航班。经过多年的扩建后，现已成为我国国际航空三大港之一。

图 2-46　上海虹桥国际机场

2. 上海浦东国际机场

上海浦东国际机场(IATA 代码 PVG，ICAO 代码 ZSPD)(上交所：600009)位于中国上海市浦东新区的江镇、施湾、祝桥滨海地带，是中国(包括港、澳、台)三大国际机场之一，与北京首都国际机场、香港国际机场并称中国三大国际航空港。新机场主楼建筑外形犹如一只展翅的巨型海鸥，具有很强的时代感和象征意义，面积 82.4 万平方米，是虹桥国际机场航站楼的三倍多，有 218 个机位，其中 135 个客机位。拥有跑道四条，分别为 3 800m 两条，3 400m 一条，4 000m 一条，如图 2-47 所示。

2011 年，上海浦东国际机场保障飞机起降 34.42 万架次，完成旅客吞吐量 4 144.23 万人次，完成货邮吞吐量 310.86 万吨。上海浦东国际机场的航班量占到整个上海机场的六成左右，国际旅客吞吐量位居国内机场首位，货邮吞吐量位居世界机场第三位。通航浦东国际机场的中外航空公司已达48家,航线覆盖90余个国际(地区)城市、62个国内城市。

机场完全建成后,达到年吞吐旅客7 000万人次,年货物吞吐量500万吨的水平,为上海21世纪的发展打下了基础。上海浦东国际机场以世界上唯一允许游客进入航站空馆指挥塔楼的开放性和壮观的气势,迅速成为观光现代化大型航空港的旅游热点。

图2-47　上海浦东国际机场

(四)城市简介

中文名称:上海。

外文名称:Shanghai。

别名:不夜城。

行政区类别:直辖市,省级。

所属地区:中国华东,上海。

气候条件:亚热带湿润季风气候。

著名景点:黄浦江、外滩、南京路步行街、东方明珠塔、豫园、陆家嘴。

上海,中国第一大城市,又称上海滩,中国四大直辖市之一,国家中心城市,国际经济中心、国际金融中心、国际贸易中心和国际航运中心,位于中国大陆海岸线中部长江口,拥有中国最大的外贸港口和最大的工业基地,隔海与日本九州岛相望,南濒杭州湾,西与江苏、浙江两省相接。上海港货物吞吐量和集装箱吞吐量居世界第一。

上海是一座新兴的旅游城市,有深厚的近代城市文化底蕴和众多历史古迹。江南的传统与移民带入的文化融合,逐渐形成了特有的海派文化。上海已成为国际大都市,并致力于在2020年建设成为国际金融和航运中心。

2010年上海世界博览会(Expo 2010)是第41届世界博览会,于2010年5月1日至10月31日期间在中国上海市举行。此次世博会也是由中国举办的首届世界博览会。上海世博会以"城市，让生活更美好"(Better City, Better Life)为主题，总投资达450亿元人民币，创造了世界博览会史上最大规模纪录，同时超越7 000万的参观人数也创下了历届世博之最，如图2-48所示。

图2-48　上海世界博览会宣传图片

市树：香樟树。

香樟树初夏开花，黄绿色、圆锥花序，树冠广展，叶枝茂盛，浓荫遍地，气势雄伟，是优良的行道树及庭荫树。香樟树因含有特殊的香气和挥发油而具耐温、抗腐、祛虫之特点，是名贵家具、高档建筑、造船和雕刻等理想用材。

市花：玉兰。

二、北京—厦门 (PEK—XMN)

（一）航线地标

航班号：CA1809。

北京首都国际机场—厦门高崎国际机场。(PEK—XMN)

飞行距离：1 902km。

飞行时间：2h40min。

飞行高度：10 000m。

飞越省份：河北、山东、江苏、浙江、福建。

飞越河流：京杭大运河、黄河、长江、富春江、闽江。

飞越湖泊：微山湖、骆马湖、洪泽湖、高邮湖、太湖。

飞越山脉：泰山。

（二）机场简介

厦门高崎国际机场是福建省厦门市的唯一机场，也是厦门航空有限公司的基地机场，2010年完成旅客吞吐量排名全国第11名。厦门高崎国际机场位于厦门岛的东北端，距离市区12.5km，可起降波音747-400等大型飞机，现有一条长宽为3 400m×45m的跑道、一条长3 300m的平行滑行道及七条联络道，停机坪面积25万平方米，可同时停靠40架大型飞机。候机楼面积14.9万平方米，为中国十大繁忙机场之一，2011年旅客年吞吐能力1 575.7万人次，空运货站建筑面积3万平方米，货物年吞吐能力15万吨。

（三）城市介绍

中文名称：厦门。

外文名称：Xiamen、Amoy。

别名：鹭岛、鹭江。

行政区类别：副省级，经济特区。

所属地区：中国华东，福建。

气候条件：亚热带海洋性季风气候。

著名景点：鼓浪屿、胡里山炮台、南普陀寺、菽庄花园、嘉庚园。

市树：凤凰木。

市花：三角梅。

市鸟：白鹭。

厦门，又名鹭岛，是中华人民共和国15个副省级城市之一、5个计划单列市之一，享有省级经济管理权限并拥有地方立法权，既是中国最早实行对外开放政策的4个经济特区之一，又是10个国家综合配套改革试验区之一（即"新特区"）。厦门也是两岸区域性金融服务中心、东南国际航运中心和大陆对台贸易中心（两岸新兴产业和现代服务业合作示范区）。

厦门位于中国东南部，属闽南地区，北部与泉州市、南部与漳州市接壤，著名景点有鼓浪屿风景名胜区、万石植物园、海沧大桥旅游区、集美嘉庚园、日月谷温泉主题公园、天竺山森林公园、胡里山炮台、同安影视城、园博苑等。

三、知识拓展——华东地区景区介绍

（一）黄浦江

黄浦江是上海市区内最大的流经河流，是上海的主要河道，如图2-49所示。黄浦江源头坐落在浙江安吉龙王山自然保护区内,由于黄浦江通江接海,受到潮汐影响,平均每天两次有明显的涨潮和退潮现象,一天内的水位落差可达 4m 以上,如遇天文大潮,水位落差就更大了。

几百年来,纤夫的足迹就在黄浦江滩踩出一条曲折多弯的小道,人们称之为"纤道",这条纤道就是外滩最早的路了。在上海的地名习惯用词中,一般把河流的上游叫作"里",河流的下游叫作"外",上海人习惯把虹口港上的汉阳路桥叫作"里虹桥",把长治路桥叫作"中虹桥",把大名路桥叫作"外虹桥",就是根据桥所在河流的位置来取名的。

图 2-49 黄浦江

(二)外滩

外滩又名中山东一路,全长约 1.5km,位于浦西,东临黄浦江,西面为哥特式、罗马式、巴洛克式、中西合璧式等 52 幢风格各异的大楼,被称为"万国建筑博览群",如图 2-50 所示。

图 2-50 外滩

外滩位于上海的黄浦江畔,它是上海的主要风景区,也是一个到上海参观旅游必去的目的地。外滩原是一片荒芜的浅滩,沿滩有一条狭窄的泥路,供船夫拉纤时行走。滩的西边是农田,阡陌沟渠之间散布着星星点点的茅舍。在19世纪后期,外滩的许多外资银行在被誉为上海的"财政街"或"东方华尔街"的外滩建立了。因此,外滩又成为鼓励财政投资的场所。由于外滩所拥有的历史价值,在外滩拥有一小块土地不仅是财富的标志,更是荣誉的标志。

(三)涌泉寺

涌泉寺为闽刹之冠,是全国重点寺庙之一。寺院建在海拔455m的鼓山山腰,占地约1.7hm^2,前为香炉峰,后倚白云峰,有"进山不见寺,进寺不见山"的奇特建筑格局。涌泉寺始建于783年,初名华严寺,唐武宗灭佛时,华严寺被毁,908年,闽王王审知修建新寺"国师馆",915年,改名为鼓山白云峰涌泉禅院,宋朝时,宋真宗赐额"涌泉禅院",1407年改称涌泉寺。明代该寺曾两次毁于火灾,后相继修复、扩建,形成今天的规模,如图2-51所示。1699年,康熙颁赐的御书"涌泉寺"泥金匾额,至今仍高悬于天王殿寺门之上。另外,四川三台和辽宁大连也有同名寺院。

图2-51 涌泉寺

(四)鼓浪屿

鼓浪屿面积1.87km^2,岛上海礁嶙峋,岸线迤逦,山峦叠翠,峰岩跌宕,大自然的鬼斧神工造就了鼓浪屿明丽隽永的海岛风光,主要景点有日光岩、菽庄花园、皓月园,均为厦门名景,如图2-52所示。

从19世纪中叶起,伴随着基督教的传播,西方音乐开始涌进鼓浪屿,与鼓浪屿优雅的人居环境相融合,造就了鼓浪屿今日的音乐传统,培养出周淑安、林俊卿、殷承宗、陈佐煌、许斐平等一大批杰出的音乐家。如今，鼓浪屿的人均钢琴拥有率为全国第一，岛上有 100 多个音乐世家，2002 年鼓浪屿被中国音乐家协会命名为"音乐之岛"。鼓浪屿以其婀娜多姿的自然风光和积淀深厚的文化底蕴，成为国家重点风景名胜区、全国 35 个王牌风景区之一，在福建省居十佳风景区之首。

图 2-52　鼓浪屿

（五）武夷山脉

武夷山地处中国福建省的西北部，毗邻江西省，位于福建与江西的交界处。武夷山脉长 500 余千米，平均海拔 1 000m 以上，通常称之为"大武夷山"，如图 2-53 所示。武夷山脉地势以保护区一带为最高，保护区内出露最多的岩石是侏罗系兜岭群火山岩和燕山期花岗岩，由它们形成的保护区内高峻山体，平均海拔 1 200m 以上。主峰黄岗山，海拔 2 158m，是武夷山脉最高峰，也是中国东南大陆最高峰。

图 2-53　武夷山

武夷山脉有数十个与山脊直交或斜交的垭口，它们是古老的河谷，是小股气流运行的通道。武夷山脉中景色最美的是小武夷山风景名胜区。

（六）中山陵

中山陵自1926年1月动工，至1929年主体建成。1929年5月28日，孙中山灵柩由北平运抵当时的首都南京，三天公祭结束后，6月1日举行了隆重的奉安大典。1931年全陵工程次第落成。中山陵面积共8万余平方米，主要建筑有牌坊、墓道、陵门、碑亭、祭堂和墓室等，如图2-54所示。

图2-54　中山陵

从空中往下看，中山陵像一座平卧的"自由钟"，山下孙中山先生铜像是钟的尖顶，半月形广场是钟顶圆弧，而陵墓顶端墓室的穹隆顶，就像一颗溜圆的钟摆锤，含"唤起民众，以建民国"之意。这组建筑在形体组合、色彩运用、材料表现和细部处理上，都取得了很好的效果，色调和谐，从而更增强了庄严的气氛，既有深刻的含意，又有宏伟的气势，被誉为"中国近代建筑史上的第一陵"。

（七）南京夫子庙

夫子庙是一组规模宏大的古建筑群，历经沧桑，几番兴废，是供奉和祭祀孔子的地方，中国四大文庙之一，被誉为秦淮名胜而成为古都南京的特色景观区；也是蜚声中外的旅游胜地。夫子庙不仅是明清时期南京的文教中心，同时也是居东南各省之冠的文教建筑群，如图2-55所示。

夫子庙始建于宋朝，位于秦淮河北岸的贡院街旁，庙前的秦淮河为泮池，南岸的石砖墙为照壁，全长110m，高20m，是全国照壁之最。北岸庙前有聚星亭、思乐亭；中轴线上建有棂星门、大成门、大成殿、明德堂、尊经阁等建筑；庙东还有魁星阁。

图 2-55　南京夫子庙

（八）杭州西湖

"西湖十景"是指浙江省杭州市著名旅游景点西湖上的十处特色风景，最常见的说法是苏堤春晓、曲苑风荷、平湖秋月、断桥残雪、柳浪闻莺、花港观鱼、雷峰夕照、双峰插云、南屏晚钟、三潭印月。西湖十景形成于南宋时期，基本围绕西湖分布，有的就位于湖上。南宋之后，又分别有元代钱塘十景、清代西湖十八景、清乾隆杭州二十四景、1985 新西湖十景、2007 第九届中国杭州西湖博览会西湖十景，如图 2-56 所示。

图 2-56　杭州西湖

西湖十景之三潭印月风景秀丽、景色清幽，尤以晚间三潭印明月的景观享誉中外。

西湖的美景不仅春天独有，夏日里接天莲碧的荷花，秋夜中浸透月光的三潭，冬雪后疏影横斜的红梅，更有那烟柳笼纱中的莺啼，细雨迷蒙中的楼台——无论你何时来，都会领略到不同寻常的风采。

（九）钱塘江

钱塘江是中国浙江省第一大河，古名"浙江"，亦名"折江"或"之江"，其名最早见于《山海经》，是越文化的主要发源地之一。钱塘江全长605km，流域面积48 887km²，流经杭州市闸口以下注入杭州湾，如图2-57所示。

图2-57 钱塘江

江口呈喇叭状，海潮倒灌，成著名的"钱塘潮"。每年农历八月十六日至十八日，太阳、月球、地球几乎在一条直线上，所以这天海水受到的潮引力最大。

（十）青岛栈桥

青岛栈桥，俗称前海栈桥、南海栈桥、大码头，位于青岛市市南区海滨，青岛湾北侧，与小青岛隔水相望，北端与中山路呈一直线相连，被视为青岛市的重要标志，如图2-58所示。

图2-58 青岛栈桥

栈桥桥长由350m增长至约440m，桥面全部以水泥铺面，桥身增加排水系统，延伸部分增加两排间隔约2m、直径约20cm的铸铁气孔，每逢大潮，海水拍击桥墩的浪花可由气孔直上桥面。桥的南侧尽头增建半圆形挡浪堤，堤内建有中国传统样式的两层飞檐八角亭一座，名"回澜阁"，阁顶覆蓝色琉璃瓦，周围设24根圆形立柱。阁内为圆形厅堂，中间有34级台阶盘旋而上。登二层，向北可观青岛街市的红瓦绿树，向南可望胶州海湾的碧海蓝天。1936年，由市政府会同专家市民共同评选的"青岛十景"中，以栈桥为主景的"飞阁回澜"成为其中的第一景。

四、国内华东地区航线特点

国内华东地区航线的特点如下。

(1) 上海航线头等舱和公务舱旅客多为经常往返的社会政要人物，对服务要求和标准非常了解。

(2) 厦门航线客人较多，大多是国内外旅行团，客舱气氛比较活跃。

(3) 航路状况较差，尤其夏季飞行时，颠簸比较严重。

(4) 上海、厦门、青岛转机旅客一般是举家出行，老人、行李、儿童车较多。

附："京沪空中快线"开通

京沪空中快线是指自2007年8月6日起，有国航、上航、海航、南航、东航五家航空公司，往返于北京首都国际机场和上海虹桥机场之间的航线。"京沪空中快线"整合两地航空资源，实行公交化运营，提高航班密集度、缩短飞行时间、旅客无须提前购票、多方面简化乘机手续和安检过程、开辟专门区域、提高服务速度，基本达到平均30min一个航班，高峰时段达到15min一个航班，实现至少30min一个航班。

练习题

1. 北京—上海航线飞越哪五大湖泊？
2. 上海两大机场名称是什么？机场与城市距离是多少千米？
3. 上海有哪些著名的景点？请说出两三个。
4. PEK—SHA航线飞越的省份、飞行距离、飞行时间是多少？
5. 我国华东地区包括哪些省、市？
6. 厦门市的别名是什么？属于中国哪个省份？市鸟、市花分别是什么？
7. 南京中山陵是为纪念哪一位先驱而建造的？其建筑特点有什么？
8. "上有天堂，下有苏杭"是对哪个景区的赞美？
9. 被视为青岛市重要标志的是哪一处景观？
10. 鼓浪屿位于哪个省？主要景点有哪些？

第七节　东北地区航线

本节以中国国际航空股份有限公司执行北京至哈尔滨及北京至沈阳航线为例，对东北地区这两条航空航线作了较全面介绍，以图文并茂的形式展示航空公司在此航线飞行的航路状况，同时还对目的地机场、城市、部分景区、东北地区部分景区、航线特点进行了介绍。

一、北京—哈尔滨 (PEK—HRB)

北京—哈尔滨航线：飞机从北京出发，途经密云水库，穿越河北省，经过内蒙古自治区的赤峰、通辽、辽宁省以及吉林省，跨过松花江，最后到达目的地黑龙江哈尔滨。

（一）航线地标

航班号：CA1611。

北京首都国际机场—哈尔滨太平国际机场。(PEK—HRB)

飞行距离：1 044km。

飞行时间：1h40min。

飞行高度：9 800/9 200m。

飞越省份：河北、内蒙古、吉林、黑龙江。

飞越河流：密云水库、滦河、西辽河、松花江。

飞越山脉：燕山山脉。

（二）航路飞越河流、山脉简介

1. 密云水库

密云水库在北京东北郊的燕山群峦之中，横跨潮、白两河，兴建于1958年，历时3年，库容量为43.75亿立方米，相当于150个昆明湖，为华北地区最大的水库，也是亚洲最大的人工湖。密云水库气势雄伟，水面辽阔，是北京城市用水的主要来源，环湖公路110km，如图2-59所示。

图2-59　密云水库

2. 滦河

滦河古称濡水,华北地区大河之一,发源于河北省北部,张家口市境内的巴彦古尔图山北麓,向北流入内蒙古自治区,此段称为闪电河,后向东南急转进入河北省东北部,一直向东南流入渤海,全长885km,总流域面积达4.46万平方千米,基本在河北省境内,如图2-60所示。

图2-60 滦河

3. 西辽河

西辽河水系为通辽境内第一大水系。它容纳四条支流,即西拉木伦河、老哈河、新开河、教来河。古时称西辽河为辽水、潢水、饶乐水、托纥连水等,清朝晚期始称西辽河。西辽河由西向东穿过通辽地区腹地,全长367.7km,在辽宁省昌图县福德店村附近与东辽河相汇,最后流入渤海,如图2-61所示。

图2-61 西辽河

4.松花江

松花江是黑龙江最大的支流,东北地区的大动脉,本身也有两条主要支流,其一为源于第二松花江即西流松花江,松花江吉林省段(新中国成立后曾用名称,1988年废止);其二为源于小兴安岭的嫩江,两条支流在扶余县汇合,始称松花江,折向东北流至同江县注入黑龙江,全长1 840km,流域面积54万平方千米,如图2-62所示。

图2-62 松花江

(三)机场简介

哈尔滨太平国际机场是黑龙江省的枢纽机场,地处东北亚中心位置,是东南亚至北美航线的最佳经停点,是中国东北地区乃至东北亚的重要空中交通枢纽之一。

哈尔滨太平国际机场原名哈尔滨阎家岗机场,现为中国东北地区最繁忙的三大国际航空港之一,是东北地区继大连、沈阳机场后国家正式批复的三座"门户机场"之一,是全国通航俄罗斯航线最多的机场,亦是东北亚地区重要的航空港,距离市区33km。截至2018年年底,机场旅客年吞吐量近2 000万人次,共有25家国内外航空公司在哈尔滨机场投入运营,开通国内、国际航线103条,通航城市62个。

(四)城市简介

中文名称:哈尔滨。

外文名称:Harbin。

别名:北国冰城、东方莫斯科。

行政区类别:副省级市,省会。

所属地区:中国东北,黑龙江。

气候条件:中温带大陆性季风气候、四季分明。

著名景点:太阳岛、中央大街、圣索菲亚教堂、亚布力滑雪场、冰雪大世界。

市花：丁香花。

市树：榆树。

哈尔滨市是黑龙江省省会城市，东北北部的政治、经济、文化和交通中心，东北四大中心城市之一，也是中国省辖市中陆地管辖面积最大、管辖总人口居第二位的特大城市。哈尔滨是中国著名的历史文化名城和旅游城市，素有"共和国长子""冰城""天鹅项下的珍珠""东方莫斯科""东方小巴黎"以及"冰城夏都"等美称。

二、北京—沈阳(PEK—SHE)

（一）航线地标

航班号：CA1601。

起降地：北京首都国际机场—沈阳桃仙国际机场。(PEK—SHE)

飞行距离：633km。

飞行时间：1h。

飞行高度：7 800/6 600m。

飞越省份：河北、辽宁。

飞越河流：海河。

飞越海湾：渤海湾。

（二）机场简介

沈阳桃仙国际机场是国家一级干线机场、东北地区航空运输枢纽、全国八大区域航空枢纽之一，位于辽宁省沈阳市东陵区桃仙乡。沈阳桃仙国际机场候机楼面积为7万多平方米，设计年旅客吞吐量为606万人次。它是东北航空公司、中国南方航空公司北方公司(原中国北方航空公司)、深圳航空公司沈阳公司、春秋航空公司、中一航空等航空公司的基地机场，地理位置优越，是辽沈中部城市群2 400万人口的共用机场。以机场为中心，距抚顺、本溪、鞍山、铁岭、辽阳和营口等城市均不超过100km，并通过高速公路与各城市形成辐射连接。

（三）城市简介

中文名称：沈阳。

外文名称：Shenyang。

别名：盛京、奉天。

行政区类别：副省级、省会。

所属地区：中国东北，辽宁。

气候条件：温带半湿润大陆性气候。

著名景点：沈阳故宫、清昭陵、清福陵、中街、怪坡、世博园、棋盘山。

市花：玫瑰。

市树：油松。

沈阳是中国六大国家区域中心城市之一、副省级城市、辽宁省省会、沈阳经济区的核心城市，东北的政治、经济、文化、金融、交通、商贸中心，东北第一大城市。

沈阳位于东北地区南部，辽宁省中部，地处东北亚经济圈和环渤海经济圈的中心。沈阳是国家历史文化名城，有 2 300 年建城史，素有"一朝发祥地，两代帝王城"之称。沈阳是中国重要的以装备制造业为主的重工业基地，有"东方鲁尔"的美誉。

三、知识拓展——东北地区景区介绍

（一）哈尔滨中央大街步行街

哈尔滨中央大街步行街始建于 1898 年，初称"中国大街"，1925 年被改称为"中央大街"，后虽发展成为全市最为繁华的商业街，但其称谓一直沿袭至今，全长 1 450 延长米，宽 21.34m，其中车行方石路宽为 10.8m。全街建有欧式及仿欧式建筑 71 栋，并汇集了文艺复兴、巴洛克、折中主义及现代多种风格的保护建筑 13 栋，如图 2-63 所示。

图 2-63　哈尔滨中央大街步行街

（二）圣索菲亚教堂

圣索菲亚教堂位于哈尔滨市内，始建于 1907 年 3 月，是远东地区最大的东正教堂，全木结构，占地面积 $721m^2$，通高 53.35m，平面呈拉丁十字布局，是典型的拜占庭风格建筑，1996 年 11 月，被列为全国重点文物保护单位，1997 年 6 月，圣索菲亚教堂修复并更名为哈尔滨市建筑艺术馆，如图 2-64 所示。

圣索菲亚教堂气势恢宏、精美绝伦，教堂的墙体全部采用清水红砖，上冠巨大饱满的洋葱头穹顶，统率着四翼大小不同的帐篷顶，形成主从式的布局，四个楼层之间有楼梯相连，前、后、左、右有四个门出入。正门顶部为钟楼，七座铜铸制的乐钟恰好是七个音符，由训练有素的敲钟人手脚并用，敲打出抑扬顿挫的钟声。伴随着悠扬的广场音乐，广场鸽在教堂上空飞过。

巍峨壮美的圣索菲亚教堂，构成了哈尔滨独具异国情调的人文景观和城市风情，同时，它又是沙俄入侵东北的历史见证和研究哈尔滨市近代历史的重要珍迹。

图 2-64　圣索菲亚教堂

（三）黑龙江

黑龙江是一条重要的国际界河。它穿越中国、俄罗斯和蒙古，从海拉尔河河源算起，黑龙江全长 4 370km，流域总面积 184.3 万平方千米；在我国境内的长度为 3 474km，流域面积 88.7 万平方千米。黑龙江的长度，在我国仅次于长江、黄河而居第三位，年径流总量达 2 700 亿立方米，仅次于长江、珠江，也居全国第三位，如图 2-65 所示。

图 2-65　黑龙江

（四）大连老虎滩海洋公园

大连老虎滩海洋公园坐落在大连南部海滨中部，是市区南部最大的景区，占地面积118万平方米，4 000余米海岸线，是中国最大的一座现代化海滨游乐场。公园内建有"浓缩极地世界，展现海洋奇观"的极地海洋动物馆、海兽馆，还有中国最大的珊瑚馆、标志性建筑虎雕可供观赏，乘坐跨海空中索道、海上游艇，可欣赏大海风光和老虎滩乐园的全貌，园外的鸟语林、四维电影院也为游人提供了新奇的娱乐享受服务，如图2-66所示。

图2-66　大连老虎滩海洋公园

（五）沈阳故宫

沈阳故宫始建于公元1625年，是满族人建立的清政权的早期皇宫，1644年清迁都北京后，经过增修，又成为皇帝巡幸东北时的行宫，1926年至今，为沈阳故宫博物院，现存古建筑100多座，总占地面积60 000多平方米，如图2-67所示。

沈阳故宫主体部分，是清太宗皇太极时期（1627—1643年）的皇宫，具有浓厚的满族特色和中国东北地域建筑特色。

图2-67　沈阳故宫

（六）长白山

长白山位于吉林省东南部，面积19.07万公顷，森林覆盖率87.7%，堪称茫茫250km林海，是我国重点自然保护区之一，也被联合国确定为自然生态环境重点保护区，受地质变迁及气候影响，区内从低到高海拔相差1900多米，分针阔叶混交林、针叶林、岳桦林、高山苔原四个垂直植物带，形成独特的植物区系。

著名的长白16峰海拔均在2 500m以上，主峰白云峰海拔2 691m，山巅有一个由火山喷发形成的高山湖——天池，在群山环抱之中，成为松花江的源头。天池呈椭圆形，南北长4.5km，东西宽约3.5km，平均水深201m，最大水深373m，为我国最深的高山湖泊，如图2-68所示。

图2-68　长白山

四、国内东北地区航线特点

国内东北地区航线的特点如下。

(1) 航线飞行时间较短。

(2) 北方春、秋两季风大，飞机在起飞、落地时颠簸会比较严重。

(3) 此地区航线旅客东北人多，北方人性格豪爽、热情，但有些急躁。

(4) 旅客食量较大、酒量较大。

(5) 由于地域寒冷，冬季旅客穿的衣服较多、大件行李较多。

(6) 在大连航线上，经常有旅客携带海鲜产品乘机。

(7) 冬天是哈尔滨的旅游旺季。

(8) 哈尔滨和沈阳的航线上常有要客(政府官员)。

> 练习题

1. 北京—哈尔滨航线飞越哪些省份？
2. 东北地区机场有哪些？它们的名称和三字代码分别是什么？
3. 北京—哈尔滨航线飞行距离、飞行时间是多少？
4. 穿越中国、俄罗斯和蒙古的江是什么江？它的长度位居中国河流第几位？
5. 哈尔滨的别名是什么？
6. 请介绍东北地区每个城市具有代表性的一个景区。

第八节　新疆地区航线

本节将以中国国际航空股份有限公司执行北京至乌鲁木齐航线为例，对新疆地区这条航空航线作较全面的介绍，以图文并茂的形式展示航空公司在此航线飞行的航路状况，同时还将对目的地机场、城市、部分景区、航线特点进行介绍。

一、北京—乌鲁木齐(PEK—URC)

北京到乌鲁木齐航线：北京出发，经过河北省，进入山西，经过天镇，飞越黄河，跨越内蒙古的凉城和包头，进入甘肃的嘉峪关，最后经新疆的哈密到达乌鲁木齐。

（一）航线地标

航班号：CA1297。

北京首都国际机场—地窝堡国际机场。(PEK—URC)

飞行距离：2 625km。

飞行时间：4h15min。

飞行高度：10 000/11 000m。

飞越省份和自治区：河北、山西、内蒙古、甘肃、新疆。

飞越河流：黄河。

（二）机场简介

乌鲁木齐地窝堡国际机场位于新疆维吾尔自治区首府乌鲁木齐市郊西北地窝堡，是国家民用一级机场，始建于1939年，距市区16km。乌鲁木齐地窝堡机场原为中苏民用航空机场，1970年7月经国务院批准进行扩建，1973年建成并对外开放，是中国五大门户机场之一。

1950年至今，乌鲁木齐地窝堡国际机场历经数次扩建、续建，目前已成为我国西部重要的枢纽机场之一，承担着新疆境内13个机场的中转任务，与国内53个城市通航，航线113条，其中国内航线99条，国际航线14条。

2007年，乌鲁木齐地窝堡国际机场完成旅客吞吐量617万人，同比增长20.1%。

2009年，乌鲁木齐地窝堡国际机场旅客吞吐量完成657.5万人，同比增长13%。

2010年，乌鲁木齐地窝堡国际机场旅客吞吐量完成914.8万人，同比增长39.1%。

2011年1月到5月，乌鲁木齐地窝堡国际机场旅客吞吐量完成388.1万人次，同比增长29.6%。

2013年，乌鲁木齐地窝堡国际机场旅客吞吐量完成1535万人次。

（三）城市简介

中文名称：乌鲁木齐。

外文名称：Urumqi。

别名：乌市。

行政区类别：自治区首府、地级市。

所属地区：中国西北，新疆维吾尔族自治区。

气候条件：温带大陆性气候。

著名景点：红山、丝绸之路国际滑雪场、南山西白杨沟、一号冰川、亚洲中心。

乌鲁木齐（古准噶尔语，意为"优美的牧场"）位于新疆维吾尔族自治区中北部，天山中段北麓、准噶尔盆地南缘，西部和东部与昌吉回族自治州接壤，南部与巴音郭楞蒙古自治州相邻，东南部与吐鲁番地区交界。行政区总面积1.42万平方千米，全市2010年总居住人口262万，现辖七区一县，两个国家级开发区和一个出口加工区。

乌鲁木齐是我国五个省级民族自治区域之一的新疆的首府，是全疆政治、经济、文化的中心，是中国西部对外开放的重要门户，新欧亚大陆桥中国西段的桥头堡，地处亚洲大陆地理中心，是欧亚大陆中部重要的都市。

二、知识拓展——新疆地区景区介绍

（一）乌鲁木齐丝绸之路国际滑雪场

丝绸之路国际滑雪场坐落于天山山脉，距乌鲁木齐城南38km处的国家森林公园南山水西沟镇平西梁景区。滑雪场地处天山北坡逆温带生态谷地，海拔1 800～2 500m，是冬季滑雪度假、夏季消暑旅游的理想圣地,如图 2-69 所示。

图 2-69　乌鲁木齐丝绸之路国际滑雪场

丝绸之路国际滑雪场占地 12km²,是目前国内三大滑雪场之一,可同时容纳 10 000 人滑雪,建有初、中、高级雪道八条,丝绸之路国际滑雪场雪道还拥有西北地区唯一直达原始森林的专用滑雪及观光缆车三条,配有两条舒适魔毯的儿童和成人滑雪教学区,1 100m 的四人滑雪观光缆车直达 2 280m 的山顶。

（二）红山

高耸于市中心的红山,山岩突兀,气势非凡。每当晨昏,岩壁映日,红光熠熠,因而得名,山势呈东西走向,主峰海拔 1 391m,因山头状如猛虎,峭岩色赤,故又称"虎头山""红山嘴"。

传说红山是天池中飞来的一条赤色巨龙,落地化为山岩,但仍不安分地缓缓向雅玛里克山爬去,若两山一旦合龙,乌鲁木齐河被阻断,城区将化为汪洋泽国。现在红山及其两山之塔,已成为市区胜景之一,登临红山顶上的"远眺楼",边城全貌可尽收眼底。红山已成为乌鲁木齐市的象征,如图 2-70 所示。

图 2-70　红山

三、新疆地区航线特点

新疆地区航线的特点如下。

(1) 新疆乘客不少人是初次乘机，对飞机比较好奇，不太熟悉客舱设备使用方法。

(2) 普通舱乘客具有西北人的豪放、憨厚的性格，大多较朴实，对服务细节不太挑剔。

(3) 到新疆旅游的乘客占多数，多为旅行团，时间观念较强。

(4) 新疆本地人大多信奉伊斯兰教，因此在供餐时需要特别注意特殊餐食和特殊服务。

(5) 新疆地域辽阔，资源丰富，是西北地区最富裕的地方，每年朝觐期间，乘客更加虔诚，前往坐落在沙特阿拉伯的麦加 (Mecca) 伊斯兰教的第一圣地，航线途中，在伊斯兰教特定的时间会净身、跪拜，朝拜返回时会带回家乡圣水。

练习题

1. 乌鲁木齐所属中国哪个地区？其城市的气候特点和旅游特色是什么？
2. 丝绸之路国际滑雪场坐落在哪座山脉？
3. 北京—乌鲁木齐航班飞行距离和时间分别为多少？简单地介绍这条航线的飞行特点和餐饮配备的注意事项。
4. 乌鲁木齐市是我国五个省级民族自治区之一的新疆的首府，是中国西部对外开放的重要门户，新欧亚大陆桥中国西段的桥头堡，地处亚洲大陆地理中心，是欧亚大陆中部重要的都市，是全疆的哪三个中心？
5. 请写出国内新疆地区乌鲁木齐机场名称、三字代码及距市区距离。
6. 北京—乌鲁木齐航线飞越哪几个省份？请介绍这些省会。

第九节　港、澳、台地区航线

本节以中国国际航空股份有限公司执行北京至香港、北京至澳门和北京至台北航线为例，对港、澳、台地区航空航线从航班号、飞行距离、飞行时间、飞行高度等作了较全面的介绍，以图文并茂的形式展示航空公司在此航线飞行的航路状况，同时还对目的地机场、城市、部分景区、航线特点进行了介绍。

一、北京—香港 (PEK—HKG)

（一）航线地标

中国国际航空股份有限公司　　　　　　航班号：CA101

香港港龙航空公司　　　　　　　　航班号：KA905

北京首都国际机场—香港国际机场。(PEK—HKG)

飞行时间：2h55min。

飞行距离：2 265km。

飞行高度：9 000～10 000m。

飞越省份：河北、河南、湖北、湖南、广东。

飞越河流：黄河、淮河、长江、珠江。

飞越湖泊：洪湖。

飞越山脉：罗霄山脉、南岭、白云山。

（二）机场简介

香港国际机场(Hong Kong International Airport)俗称赤鱲角机场(Chek Lap Kok Airport)，距离市区34km。

香港国际机场 IATA 代码：HKG，ICAO 代码：VHHH。

香港国际机场位于香港新界大屿山赤鱲角，为香港现在唯一运作的民航飞机场。香港国际机场设有 96 个停机位，两条跑道，24h 全天候运作。香港国际机场被 Skytrax 评为五星级飞机场，如图 2-71 所示。

图 2-71　香港国际机场

香港国际机场于 1998 年 7 月 6 日正式启用，第二条跑道于 1999 年 5 月启用。香港国际机场由香港机场管理局负责管理及运作。香港国际机场 2011 年货运量为 397 万吨，排名世界第一。

香港国际机场，现有 89 家航空公司每日提供约 750 架次定期客运及全货运航班，来往香港及约 150 个遍布全球的目的地，其中约 76% 的航班采用宽体喷气式客机，此外，每周平均有约 31 架次不定期的客运和货运航机来往香港。

（三）城市介绍

中文名称：香港。

外文名称：Hong Kong。

方言：粤语、围头话、客家话。

气候条件：亚热带季风气候。

行政区类别：特别行政区。

地理位置：珠江口东南部。

面积：1 104.32 平方千米。

人口：745 万人 (2018 年)。

机场：香港国际机场 (赤鱲角)。

名校：香港大学、香港中文大学、香港科技大学等。

著名景点：维多利亚港、迪斯尼乐园、海洋公园、金紫荆广场等。

香港是繁华的国际化大都市。1842 年至 1997 年，香港曾经受英国的殖民统治，1997 年 7 月 1 日，依据中英政府共同签署于 1984 年的《中英联合声明》，中国恢复对香港行使主权。香港地处珠江以东，与广东省深圳市相接，是中西方文化交融的地方，是全球最为富裕、繁荣和生活水平高的城市之一，是国际重要金融、服务业及航运中心，是全球继纽约、伦敦之后世界第三大金融中心，有"东方之珠""购物天堂"等美誉，如图 2-72 所示。

图 2-72　香港

（四）景点介绍

1. 维多利亚港

维多利亚港 (Victoria Harbour)，简称维港，位于香港的香港岛和九龙半岛之间的港口和海域，是亚洲的第一大海港，世界第三大海港，仅次于美国的旧金山和巴西的里约热内卢。

维多利亚港的海岸线很长,南北两岸的景点多不胜数。日间蓝天白云碧水,小船和万吨巨轮进出海港,互不干扰,到了夜晚,便更加灯火璀璨,缔造"东方之珠"的壮丽夜景,如图2-73所示。

2. 香港迪斯尼乐园

迪斯尼乐园(Disneyland,Hong Kong)的面积仅有126.82hm^2,是全球面积最小的迪斯尼乐园,也是世界兴建的第五个迪斯尼乐园,如图2-74所示。

图2-73 维多利亚港

图2-74 香港迪斯尼乐园

香港迪斯尼乐园设有一些独一无二的特色景点、两家迪斯尼主题酒店,以及多彩多姿的购物、饮食和娱乐设施,乐园大致上包括四个主题区。迪斯尼乐园在美国加州有八个、佛罗里达和东京均七个、巴黎五个。

二、北京—澳门 (PEK — MFM)

(一)航线地标

北京首都国际机场—澳门国际机场。(PEK—MFM)

中国国际航空股份有限公司　　　　　航班号：CA3601
　　　　　　　　　　　　（实际承运澳门航空 NX007）
澳门航空公司　　　　　　　　　　航班号：NX001

飞行时间：3h50min。

飞行距离：2 270/2 230km。

飞行高度：10 800/10 200m。

飞越省份：河北、河南、湖北、湖南、广东。

飞越河流：黄河、淮河、长江、珠江。

飞越湖泊：洪湖。

飞越山脉：罗霄山脉、南岭、白云山。

（二）机场简介

澳门国际机场三字代码：MFM；四字代码：VMMC。澳门国际机场是中华人民共和国澳门特别行政区内唯一的机场，1995 年 11 月正式投入运作，距离市区 5km。它是珠江三角洲与世界各地之间的重要桥梁，全天 24h 运作。澳门国际机场的跑道建于一个条状的填海地段之上，跑道与群楼之间由两条桥相连接，它的设计客运量为每年 600 万乘客，控制塔位于原来的"一粒米"之上。

澳门作为中华人民共和国的一个特别行政区，拥有自己的出入境政策，以及独立于中国大陆的关税区。来往澳门及中国大陆的旅客需要办理入境手续，以及经过海关检查。因此，来往澳门及中国大陆的航班会被当作国际航班处理。澳门国际机场采用人工填海的方式兴建，为目前世界上完全建筑在海上的第二个机场，如图 2-75 所示。

图 2-75　澳门国际机场

澳门国际机场的建成，架起澳门通往世界各地的空中桥梁，提升了澳门在国际上的知名度，极大地促进了澳门经济的发展和长期的繁荣稳定。

（三）城市介绍

中文名称：澳门。

外文名称：Macau。

方言：粤语。

气候条件：亚热带季风气候。

所属地区：中国。

地理位置：中国华南。

面积：32.8km²。

人口：67.2万人(2019年)。

著名景点：澳门历史城区、大三巴牌坊、观光塔、葡京赌场、妈祖阁、谭公庙。

澳门是中国的一个特别行政区。1553年，葡萄牙人取得澳门居住权，经过500多年欧洲文明的洗礼，东西文化的融合共存使澳门成为一个风貌独特的城市，并留下大量的历史文化遗迹，如图2-76所示。澳门北邻珠海，西与珠海市的湾仔和横琴对望，东与香港相距60km，中间以珠江口相隔。澳门是一个自由港，也是世界三大赌城之一，澳门亦是世界上人口密度最高的地区。1999年12月20日，澳门回归祖国。

图2-76　澳门

（四）景点介绍

1. 澳门大三巴牌坊

大三巴牌坊是西方文明进入中国历史的见证，如图2-77所示。1583年，著名的传教士利玛窦在这里改绘世界地图为《万国图》，加上中文标识，送给了中国地方政府。1569年，大三巴附近建起了圣加扎西医院，西医、西药从这里开始流入华夏大地，葡萄牙医生戈梅斯也从澳门将"种牛痘"引入中国，医治当时的不治之症"天花"。

大三巴附近的"圣保禄学院"，是东亚最早的一所西式大学，实施西方教育的同时，还在这里对即将进入东方的传教士进行东方文化的培训。澳门回归后，巍峨挺拔的大三巴牌坊的广场、石坊上，几乎天天都有数以千计的澳门各界人士在这里集会、高歌。历经400多年沧桑的大三巴，迎来了她辉煌的新生，见证澳门曲折的回归历史。

图 2-77　澳门大三巴牌坊

2. 葡京赌场

澳门被称为世界三大赌城（拉斯维加斯、澳门、蒙特卡洛）之一，博彩业又被特区政府定为澳门经济的龙头产业，所以，要了解澳门，就要了解澳门的博彩业。而欲了解澳门的博彩业，又非一日之功。无论是将其作为一个庞大的产业来分析，还是视其为社会的一个特殊现象来研究，它都是一个未解之谜，如图 2-78 所示。

与世界三大赌城之一的美国拉斯维加斯赌城相比，澳门以赌桌为主，占其营业额的95%，而拉斯维加斯以老虎机为主，占其营业额的70%；拉斯维加斯共有赌场247家，是澳门赌场的20多倍，但每年所缴赌税还不及澳门11家赌场的八成。

图 2-78 葡京赌场

三、北京—台湾 (PEK—TPE)

（一）航线地标

中国国际航空股份有限公司　　　　　　航班号：CA185

台湾中华航空公司　　　　　　　　　　航班号：CI512

北京首都国际机场—台湾桃园国际机场。(PEK—TPE)

飞行时间：3h55min/3h40min。

飞行距离：3 040/2 871km。

飞行高度：9 000/10 000m。

飞越省份：河北、河南、湖北、湖南、广东。

飞越河流：黄河、淮河、长江。

飞越海峡：台湾海峡。

飞越山脉：罗霄山、南岭。

（二）机场简介

台湾桃园国际机场（英语译名：Taiwan Taoyuan International Airport) 与市区的距离为 40km。

IATA 代码：TPE；ICAO 代码：RCTP。

台湾桃园国际机场简称桃园机场，2006 年 10 月以前曾称中正国际机场，位于台湾西北部的桃园县大园乡，距离台北市中心只要车程 40min 即可到达，机场土地面积约 1 223hm^2，是重要的空运进出口场所，如图 2-79 所示。台湾桃园国际机场共有两座航站大厦，这两座航站大厦的启用，让台湾桃园国际机场的动线更流畅、便捷，出入境在同一楼层设计。

图2-79 台湾桃园国际机场

（三）目的地介绍

中文名称：台湾。

外文名称：Taiwan。

方言：闽南语。

气候条件：热带和亚热带气候。

所属地区：中国。

地理位置：中国大陆东南的海域。

面积：36 191.4667km^2。

人口：2 358万人（2018年）。

机场：桃园国际机场。

著名景点：阿里山、日月潭。

台湾岛是中国的第一大岛屿，历史上，台湾曾先后被西班牙、荷兰、日本占领过，抗日战争胜利后，台湾重归中国的版图，50多年来，台湾的政治、经济、文化、社会等发生了显著变化。台湾岛位于祖国东南沿海的大陆架上，是扼西太平洋航道的中心，是中国与太平洋地区各国海上联系的重要交通枢纽，如图2-80所示。

（四）景点介绍

1. 日月潭

日月潭位于台湾南投县中央的渔池乡，在玉山之北、能高山之南，被海拔2 400m的水社大山、大尖山等连峰环绕着，湖面海拔760m，是一个高山湖泊，如图2-81所示。湖周围35km，面积100km^2，深度平均约为40m。湖中有一孤岛——光华岛，也称珠子山、浮珠屿。以光华岛为界，潭水分为丹碧两色。北半部为前潭，水色丹，形如日轮，故名日潭；南半部称为后潭，水色碧，形舳似月，故名月潭，合称日月潭。

图 2-80　台湾风光

2. 阿里山

阿里山位于台湾嘉义县东北，是大武峦山、尖山、祝山、塔山等 18 座山峦的总称，最高峰为大塔山，海拔为 2 663m，东距台湾最高峰玉山（高 3997m）很近。阿里山风景区面积约有 175hm²，是台湾著名的天然森林公园和旅游胜地，如图 2-82 所示。

图 2-81　日月潭　　　　　　　　　图 2-82　阿里山

阿里山并不是一座山，是特定范围的统称，正确的说法应是阿里山区。阿里山森林游乐区是观光客来玩的主要地方。山区地处海拔 2 000m 以上，东面靠近台湾最高峰玉山。阿里山气候四季相差不大，平均气温仅为 10.6℃，盛夏时依然清爽宜人，加上茂密的森林，蚊虫绝迹，是全台湾最理想的避暑胜地。

四、港、澳、台地区航线特点

港、澳、台地区航线的特点如下。

(1) 香港、台湾乘客维权意识强，对服务需求苛刻，容易投诉。

(2) 航线短，工作程序繁多。

(3) 港、澳、台地区航线目前属于"国际航线",飞机上出售免税商品。

练习题

1. 港、澳、台地区国际机场中英文名称分别是什么?
2. 请写出北京—香港航线飞行距离、飞行时间、飞行高度。
3. 简单介绍香港迪斯尼乐园和维多利亚港的旅游特色。
4. 澳门曾经受哪个国家的殖民统治?是哪年回归祖国的?
5. 北京—台湾航线飞行距离、飞行时间是多少?
6. 香港、澳门、台湾航线在服务上有哪些特点?

第三章
国际航线基本知识

【本章内容提示】

　　本章介绍了国际航空运输的三个区域划分及中国飞往三大区域的国际航线。通过本章的学习，使学生了解和掌握西半球航线、东半球航线、南大西洋航线、北太平洋航线、南太平洋航线、俄罗斯航线、远东航线、北极航线及全球航空三大联盟等基本知识。

第一节 国际航协简介和国际航协世界航空区域划分

本节重点是国际航空运输协会根据世界航空业务繁忙程度、航班密度进行三大区域划分，详细地介绍了每一个区域均由哪些国家和地区组成。

一、国际航协简介

（一）国际航空运输协会定义

国际航空运输协会（International Air Transport Association，IATA）简称国际航协，是世界航空运输企业自愿联合组织的非政府性的国际组织，成立于1945年，有两个总部分别在蒙特利尔（负责美洲地区）和日内瓦（负责欧洲和中东地区），地区性总部设在新加坡（负责亚洲和太平洋地区）。

（二）国际航协宗旨

建立共同的标准规则，促进航空运输的安全级效率，确保运营顺畅便利，提高服务质量；为了世界人民的利益，促进安全、平稳、经济的航空运输发展；共同研究行业的问题；为参与航空运输业的各承运人提供合作的机会。

二、国际航协世界航空区域划分

根据航空运输发展以及地区性的差异，国际航协 IATA 将全球分为三个区域，称为"国际航协交通会议区"（IATA，Traffic Conference Areas）IATA 一区（Area1 或 TC1）、IATA 二区（Area2 或 TC2）、IATA 三区（Area3 或 TC3），又可称为 TC1、TC2、TC3。

三、国际航空运输协会分成三大业务区

根据国际航空运输中运价的计划规则，国际航空运输协会 IATA 把世界划分为三个区域及下属次区。国际航协除了将全球分为三大区域外，还将全球分为两个半球：东半球（Eastern Hemisphere，EH），包括 TC2 和 TC3；西半球（Western Hemisphere，WH），包括 TC1。

Area1、Area2、Area3 简称 A1 区、A2 区、A3 区，如表 3-1 所示。

表 3-1　三大业务区

Hemisphere(半球)	Area(地区)	Sub-area(分区)
西半球 Western Hemisphere	Area1 (TC1) 业务一区	North America(北美洲)
		Central America(中美洲)
		South America(南美洲)
		Caribbean Islands(加勒比海地区)
东半球 Eastern Hemisphere	Area2 (TC2) 业务二区	Europe(欧洲)
		Africa(非洲)
		Middle East(中东)
	Area3 (TC3) 业务三区	South East Asia(东南亚)
		North East Asia(东北亚)
		South Asian Subcontinent(南亚次大陆)
		South West Pacific(西南太平洋)

（一）IATA 一区（Area 1 或 TC1）(Transport Coordination 运输协调一区)

IATA 一区是指南北美洲大陆及其邻近的岛屿，格陵兰、百慕大、西印度群岛及加勒比海群岛，夏威夷群岛（包括中途岛和棕榈岛）。

IATA 一区由南北美洲大陆及其邻近岛屿组成。美洲大陆东临大西洋，西濒太平洋。大洋天堑阻隔了美洲和其他大洲之间的陆路交通，只有通过海洋运输和航空运输来实现与其他各洲之间的交通联系。

IATA 一区中的次区（IATA Area1-Sub-areas）如下。

(1) 北美 (North America)。

(2) 中美 (Central America)。

(3) 加勒比地区 (Caribbean Area)。

(4) 南美 (South America)。

(5) IATA 一区的第二类次区 (The second classification of TC1 Sub-areas)。

① 北大西洋地区 (North Atlantic Sub-area)。

② 大西洋中部地区 (Middle Atlantic Sub-area)。

③ 南大西洋地区 (South Atlantic Sub-area)。

IATA 一区中的次区如表 3-2 所示。

表 3-2　IATA 一区中的次区

TC1	南北美洲及附近岛屿，格陵兰，百慕大，加勒比海群岛，夏威夷岛
北美	CA(加拿大); MX(墨西哥); US(美国); PM(法属圣皮埃尔和密克隆岛)
中美	BZ(伯利兹); GT(危地马拉); CR(哥斯达黎加); HN(洪都拉斯); SV(萨尔瓦多); NI(尼加拉瓜)
加勒比地区	BS(巴哈马); GY(圭亚那); BM(百慕大群岛); SR(苏里南); GF(法属圭亚那); 加勒比海群岛 加勒比海群岛(岛国): AI(安圭拉); AG(安提瓜和巴布达); AW(阿鲁巴岛); BB(巴巴多斯); KY(英属开曼群岛); CU(古巴); DM(多米尼亚); DO(多米尼亚共和国); GD(格林纳达); GP(瓜德罗普岛); HT(海地); JM(牙买加); MS(英属蒙特塞拉特岛); AN(荷属安地列斯群岛); MO(马考); KN(圣基茨-尼维斯); LC(圣卢西亚); VC(英属圣文深特岛); TT(特立尼达和多巴哥); TC(英属特克斯岛和凯科斯岛); VG(英属维尔京群岛)
南美	AR(阿根廷); BO(玻利维亚); BR(巴西); CL(智利); CO(哥伦比亚); EC(厄瓜多尔); GF(法属圭亚那); GY(圭亚那); PA(巴拿马); PE(秘鲁); PY(巴拉圭); SR(苏里南); UY(乌拉圭); VE(委内瑞拉)

（二）IATA 二区（Area2 或 TC2）

IATA 二区是指欧洲(包括俄罗斯联邦的欧洲部分)和邻近的岛屿，冰岛、亚速尔群岛、非洲及其临近的岛屿，阿森松岛以及亚洲的一部分，即伊朗以西(包括伊朗)。

IATA 二区的欧洲、非洲、中东地区在政治、经济、种族、宗教、发展历史等方面有着较大的差异，在航空运输的发展水平上也很不平衡。

IATA 二区中的次区 (IATA Area2-Sub-areas) 如下。

(1) 欧洲 (Europe)。

(2) 中东 (Middle East)。

(3) 非洲 (Africa)。

非洲是指中非、东非、印度洋群岛、利比亚、南非和西非 IATA 二区中的次区，如表 3-3 所示。

表 3-3　IATA 二区中的次区

TC2	欧洲大陆（包括俄罗斯欧洲部分）和附近岛屿，冰岛，亚速尔群岛，非洲大陆和邻近岛屿，阿森松岛，亚洲西部，包括伊朗
欧洲	AL 阿尔巴尼亚；AD 安道尔；AM 亚美尼亚；AT 奥地利； AZ 阿塞拜疆；BY 白俄罗斯；BE 比利时；BA 波黑；BG 保加利亚； CY 塞浦路斯；CZ 捷克；DE 德国；DK 丹麦；EE 爱沙尼亚；FI 芬兰； FR 法国；GE 格鲁吉亚；GI 直布罗陀；GR 希腊；HU 匈牙利； HR 克罗地亚；IS 冰岛；IE 爱尔兰；IT 意大利；LV 拉脱维亚； LI 列支敦士登；LT 立陶宛；LU 卢森堡；MK 马其顿；MT 马耳他； MD 摩尔多瓦；MC 摩纳哥；MA 摩洛哥；NL 荷兰；NO 挪威；PL 波兰； PT 葡萄牙；RO 罗马尼亚；RU 俄罗斯；SM 圣马力诺； SK 斯洛伐克；SI 斯洛文尼亚；ES 西班牙；SE 瑞典；CH 瑞士； TR 土耳其；UA 乌克兰；GB 英国
非洲	中非：MW 马拉维；ZM 赞比亚；ZW 津巴布韦 东非：BI 布隆迪；DJ 吉布提；ER 厄立特里亚；ET 埃塞俄比亚； 　　　KE 肯尼亚；RW 卢旺达；SO 索马里；TZ 坦桑尼亚；UG 乌干达 南非：BW 博茨瓦纳；LS 莱索托；MZ 莫桑比克；ZA 南非； 　　　NA 纳米比亚；SZ 斯威士兰；LY 利比亚 西非：AO 安哥拉；BJ 贝宁；BF 布吉拉法索；CM 喀麦隆；CV 佛得角； 　　　TG 多哥；TD 乍得；CG 刚果；CI 象牙海岸；CD 刚果（金沙莎）； 　　　GH 加纳；GA 加蓬；GM 冈比亚；GQ 赤道几内亚；GN 几内亚； 　　　GW 几内亚比绍；LR 利比亚；ML 马里；MR 毛里塔尼亚； 　　　NE 尼日尔；NG 尼日利亚；SN 塞内加尔；ST 圣多美和普林西比； 　　　SL 塞拉利昂；CF 中非共和国 印度洋岛屿：KM 科摩罗；MG 马达加斯加；MU 马尔代夫；XM 马纳特岛； 　　　　　　SC 塞舌尔；RE 法属留尼汪岛
中东	AE 阿拉伯联合酋长国；BH 巴林；EG 埃及；IR 伊朗；IQ 伊拉克； IL 以色列；JO 约旦；KW 科威特；LB 黎巴嫩；OM 阿曼； QA 卡塔尔；SA 沙特阿拉伯；SD 苏丹；SY 叙利亚；YE 也门共和国

（三）IATA 三区（Area 3 或 TC3）

IATA 三区是指伊朗以东的亚洲部分及其邻近的岛屿，东印度群岛，澳大利亚，新西兰及其邻近的岛屿，太平洋岛屿中除去属于 IATA 一区的部分。

IATA 三区主要包括亚太地区。这一地区绝大多数国家为发展中国家，但是亚太地区是未来经济发展的重要地区，其航空运输具有很大的发展潜力。

IATA 三区中的次区（IATA Area3-Sub-areas）如下。

(1) 南亚次大陆 SASC(South Asian Sub-area)。

(2) 东南亚 SEA(South East Asia Sub-area)。

(3) 西南太平洋 SWP(South West Pacific)。

(4) 日本 / 朝鲜 (Japan，Korea)。

IATA 三区中的次区如表 3-4 所示。

表 3-4　IATA 三区中的次区

TC3	亚洲和邻近岛屿 (不包括已属于二区的部分)，东印度地区，澳大利亚，新西兰和邻近岛屿，太平洋岛屿 (不包括已属于一区的部分)
东南亚	BN 文莱；CN 中国；KH 柬埔寨；GU 关岛；HK 中国香港；ID 印度尼西亚；KZ 哈萨克斯坦；KG 吉尔吉斯斯坦；LA 老挝；MM 缅甸；TM 土库曼斯坦；FM 密克罗尼西亚；UZ(乌兹别克斯坦)；MO 中国澳门；MY 马来西亚；MH 马绍尔群岛；FM 密克罗尼西亚；MN 蒙古；MP 马里亚纳群岛；PW 帕劳；PH 菲律宾；SG 新加坡；TW 中国台湾；XU 俄罗斯 (乌拉尔山以东)；TJ 塔吉克斯坦；TH 泰国；VN 越南
南亚次大陆	AF 阿富汗；BD 孟加拉共和国；BT 不丹；IN 印度；MV 马尔代夫；PK 巴基斯坦；NP 尼泊尔
日本朝鲜韩国	JP 日本 KP 朝鲜 KR 韩国
西南太平洋	AS 美属萨摩亚；AU 澳大利亚；CK 库克群岛；FJ 斐济；PF 法属波利尼西亚；KI 基里巴斯；NR 瑙鲁；NC 新喀里多尼亚；NZ 新西兰；NU 纽埃；PG 巴布亚新几内亚；WS 萨摩亚独立州；SB 所罗门群岛；TO 汤加；TV 图瓦卢；VU 瓦努阿图；WF 瓦利斯岛和富图纳岛

练习题

1．国际航空运输协会将世界航空划分为哪几个区域？它们分别包括哪几个洲？

2．北美属于哪个区域？由哪几个国家组成？

3．IATA 二区的次区包括哪些地区？

4．非洲包括哪几个地区？

5．IATA 三区中的次区包括哪些地区？

第二节　世界主要航线

国际航线主要集中在北半球的中纬地区，大致形成一个环绕纬度带的航空带。航线密集在北美、欧洲和东亚等经济发达地区，跨洲飞行的航线以欧亚航线、北太平洋航线和北大西洋航线最为繁忙。

一、主要国际航线分布

主要国际航线分布如下。

(1) 西半球航线 WH (The Western Hemisphere route)。

(2) 东半球航线 EH (The Eastern Hemisphere route)。

(3) 北大西洋航线 AT (The North Atlantic route)。

(4) 南大西洋航线 SA (The South Atlantic route)。

(5) 北太平洋航线 PA (The North Pacific route)。

(6) 南太平洋航线 PN (The South Pacific route)。

(7) 俄罗斯航线 RU (Russian route)。

(8) 远东航线 FE (Far East route)。

(9) 西伯利亚航线 TS (Trans Siberian route)。

(10) 环球航线 AP (Atlantic and Pacific)。

(11) 极地航线 PR (The Polar route)。

二、主要国际航线介绍

（一）西半球航线：WH (Western Hemisphere route)

西半球航线是指航程中的所有点都在西半球的航线。西半球航线是连接南北美洲的航线，又称拉丁航线。

- SCL—NYC(智利圣地亚哥—纽约)。
- LAX—RIO(洛杉矶—里约热内卢)。
- RIO—MIA(里约热内卢—迈阿密)。
- LAX—MEX—SCL(洛杉矶—墨西哥城—圣地亚哥)。
- YMQ—RIO—BUE(蒙特利尔—里约热内卢—布宜诺斯艾利斯)。

拉丁航线北美地区的点主要是美国南部的迈阿密、达拉斯以及西岸和东岸的门户点，墨西哥的墨西哥城，中美的圣何塞、太子港；航线在南美的点主要在哥伦比亚的波哥大，巴西的巴西利亚、里约热内卢、圣保罗，智利的圣地亚哥，阿根廷的布宜诺斯艾利斯等城市。

下面介绍中国飞往西半球航线——美国。

北京—洛杉矶(PEK—LAX)：飞机从北京出发，经过内蒙古、俄罗斯，跨过阿纳德尔河、白令海峡，经过美国阿拉斯加山脉和旧金山，最后到达洛杉矶。

1. 航线介绍

北京—洛杉矶 (PEK—LAX)。

北京首都国际机场—美国洛杉矶国际机场 (PEK—LAX)	城距：24km
中国国际航空股份有限公司	航班号：CA983
美国联合航空公司	航班号：UA889

时差：洛杉矶与标准时间 −8(冬)−7(夏)。

　　　 与北京时间　　　−16(冬)−15(夏)。

飞行时间：12h。

飞行距离：10 400km。

飞行高度：10 000m。

飞越国家：中国、俄罗斯、美国。

飞越河流：西辽河、松花江、黑龙江、阿纳德尔河。

飞越海峡：诺顿湾、鄂霍次克海、阿纳德尔河、白令海峡。

飞越山脉：燕山山脉、阿拉斯加山脉。

2. 机场简介

洛杉矶国际机场紧邻太平洋，位于洛杉矶市中心西南方约 15mile(24km) 处，占地 14km²。因为机场位于太平洋岸边，浓雾有时会影响班机起降。

洛杉矶国际机场是民航飞机迷观赏飞机的机场之一。其中帝国山 (Mperial Hill) 地区为著名观机的地点，整个机场的南面由此处可一览无遗，如图 3-1 所示。此外，位于 24 左跑道与 24 右跑道端靠近 In-N-Out 汉堡速食店旁的草地，更是飞机迷经常造访之处。在此处观赏民航班机，最大的好处是有机会看到各种不同机型飞越头顶上空而降落的壮观景象。

图 3-1　洛杉矶国际机场

（二）东半球航线：EH(Eastern Hemisphere route)

东半球是世界上航线最多的区域。东半球航线是指航程中的点都在东半球，或航程中的点都在IATA二区或IATA三区，或航程经欧亚大陆飞行IATA二区和IATA三区间的航线为MOW—IST—CAI(莫斯科—伊斯坦布尔—开罗)。

IATA三区内的航程如下。

- SYD—BKK—DEL(悉尼—曼谷—印度德里)。
- CAN—SIN(广州—新加坡)。
- KUL—BKK—CAN(吉隆坡—曼谷—广州)(典型的新马泰游航线)。
- CAN—SIN—AKL—CHC—BNE—SYD—MEL—CAN(广州—新加坡—新西兰—克莱斯特彻奇—布里斯班—悉尼—墨尔本—广州)(典型澳洲游路线)。

IATA二区和IATA三区间的航程(航程经欧亚大陆飞行)为：PEK—KHI—CAI(北京—巴基斯坦—卡拉奇—开罗)。

下面介绍中国飞往东半球航线—巴基斯坦—科威特。

北京—卡拉奇—科威特(PEK—KHI—KWI)：飞机从北京出发，经过巴基斯坦、阿拉伯联合酋长国迪拜、卡塔尔、巴林，最后到达科威特。

1. 航线介绍

北京—卡拉奇—科威特(PEK—KHI—KWI)。

北京首都国际机场—卡拉奇真纳国际机场—科威特国际机场。(PEK—KHI—KWI)

机场到市区距离：16km。

中国国际航空股份有限公司　　　航班号：CA945

时差：卡拉奇与标准时间 +5　　与北京时间　−3

　　　科威特与标准时间 +3　　与北京时间　−5

飞行时间：北京—卡拉奇 7h30min。

　　　　　卡拉奇—科威特 3h10min。

飞行距离：北京—卡拉奇 5 310km。

　　　　　卡拉奇—科威特 2 163km。

飞越国家：中国、巴基斯坦、阿拉伯联合酋长国、卡塔尔、巴林、科威特。

飞越河流：黄河、印度河。

飞越海湾：阿曼湾、波斯湾。

飞越山脉：阿尔金山山脉、昆仑山山脉。

2. 机场简介

(1) 卡拉奇真纳国际机场到市区距离 16km，有三个客运候机楼，一个货运楼，42 个停机坪，60 个登机手续办理柜台，12 个登机口，12 个登机廊桥，在机场可提供租车服务、急救、婴儿室、残疾人设施。

(2) 科威特国际机场位于科威特市以南 16km(约 10mile)。这个机场是科威特航空的枢纽机场。机场部分地方为穆巴拉克空军基地，其中包括科威特空军的总部及科威特空军博物馆。

1999 年至 2001 年，该机场进行了大规模的翻修和扩建工程，包括停车场、航站楼、新的登机大楼、新入口、一个多层停车场和一个机场商场，机场商场内有许多著名商铺。

科威特国际机场现在每年旅客吞吐量达 600 万，第二客运大楼在 2010 年年底落成，现在被 Skytrax 组织评为三星级机场。

(三) 北大西洋航线：AT(The North Atlantic route)

北大西洋航线历史悠久，是连接欧洲与北美之间最重要的国际航线。北美和欧洲是世界上航空最发达的地区，也是连接 IATA 一区北美和 IATA 二区欧洲的重要国际航线。

- LON—NYC(伦敦—纽约)。
- PAR—WAS(巴黎—华盛顿)。
- ZRH—NYC—RIO(苏黎世—纽约—里约热内卢)。
- NYC—LON—PAR—DXB(纽约—伦敦—巴黎—迪拜)。

北大西洋航线经典线路如下所示。

- LON—NYC(伦敦—纽约)。
- PAR—WAS(巴黎—华盛顿)。
- NYC—LON—PAR—DXB(纽约—伦敦—巴黎—迪拜)。

(四) 南大西洋航线：SA(The South Atlantic route)

南大西洋航线是指航程经过南部大西洋的航线，具体指航线在南大西洋地区和东南亚间，经过大西洋和中非、南非、印度洋岛屿，或直飞的航线。

连接一区、二区和三区，TC1、TC2、TC3：Travel between 1 and 3 Via area 2。

在东南亚和南大西洋地区之间飞行，经停中非、南非或印度洋岛国，或者在两地间直飞。

- RIO—JNB—HKG(里约热内卢—约翰内斯堡—中国香港)。

- SIN—MRU—JNB—SAO(新加坡—毛里求斯—约翰内斯堡—圣保罗)。
- SAO—HKG(圣保罗—中国香港)。

（五）北太平洋航线：PA (The North Pacific route)

北太平洋航线适用于一区和三区间经太平洋的航程，连接亚洲和北美国家。它穿越浩瀚的太平洋以及北美大陆，是世界上最长的航空线。

- BJS—LAX—MIA(北京—洛杉矶—迈阿密)。
- BJS—NYC(北京—纽约)。
- YVR—TPE(温哥华—台北)。
- MEX—SFO—SIN(墨西哥城—圣弗朗西斯科—新加坡)。

下面介绍中国飞往北太平洋航线——加拿大。

北京—温哥华(BEK—YVR)：飞机从北京出发，经过内蒙古、俄罗斯，跨过阿纳德尔河、白令海峡，经过美国阿拉斯加山脉，最后到达温哥华。

1. 航线介绍

北京—温哥华(PEK—YVR)。

北京首都国际机场—加拿大温哥华国际机场(PEK—YVR)　　城距：10km

中国国际航空股份有限公司　　航班号：CA991

加拿大航空公司　　航班号：AC030

时差：温哥华与标准时间 -8(冬)　-7(夏)

　　　　与北京时间 -16(冬)　-15(夏)

飞行时间：11h。

飞行距离：8 620km。

飞行高度：11 000m。

飞越国家：中国、俄罗斯、美国、加拿大。

飞越省份：(中国境内)河北、内蒙古、黑龙江。

飞越河流：西辽河、松花江、黑龙江、阿纳德尔河、白令海峡、诺顿湾。

飞越山脉：燕山山脉、阿拉斯加山脉。

2. 机场简介

温哥华国际机场(Vancouver International Airport)是服务加拿大温哥华的国际机场，为加拿大航空的枢纽机场以及 WestJet 的重点城市机场，如图 3-2 所示。

图 3-2 温哥华国际机场

温哥华国际机场距离温哥华市 15km，位于卑诗省列治文市的海岛 (Sea Island)，是加拿大第二繁忙的国际机场，每日有不停站直航航班前往美国、加拿大各城市、亚洲、欧洲、大洋洲、墨西哥及加勒比海多个目的地，南客运大楼服务卑诗省内的地区航空公司。

该机场曾多次获得年度最佳机场奖，更于 2007 年获得 Skytrax "最佳北美机场奖"，同时也继续保留地区性的"最佳加拿大机场奖"。

练习题

1．什么是西半球航线？

2．由中国飞往西半球的是哪条航线？它的航班号、飞行距离、飞行时间、飞行高度分别是多少？

3．东半球航线是世界上航线最多的区域，除了东半球以外，还有哪些区域是属于东半球的航线？请举一条航线说明。

4．中国飞往东半球航线，北京—卡拉奇—科威特，沿途经过哪几个国家？

5．北大西洋航线历史悠久，它是连接了哪两大洲最重要的国际航线？请举一条经典的国际航线说明。

6．中非、南非或印度洋岛国地区的航线属于哪部分航线？

7．北太平洋航线为什么是世界上最长的航空线？它是如何连接的？

8．中国最有代表性的北太平洋航线是哪一条？

9. BEK—YVR　CA991 是北京飞往哪个国家的航班？沿途飞越哪些河流和山脉？

10. 请给出下列航线的方向代号。

LON—TYO—SHA—CAN

LAX—NYC—YMQ—RIO

NYC—PAR—DXB

CTU—PEK—LAX

（六）南太平洋航线：PN(The South Pacific route)

南太平洋航线是连接南美和西南太平洋地区经过北美的航线，但航线不经过北部和中部太平洋。

- SYD—LAX—MEX—SCL(悉尼—洛杉矶—墨西哥城—圣地亚哥)。
- SYD—MIA—BUE(悉尼—迈阿密—布宜诺斯艾利斯)。
- SCL—LAX—AKL(圣地亚哥—洛杉矶—奥克兰)。

这些航线中的城市大都具有典型的自然风光，是目前推崇的生态旅游航线。

下面介绍中国飞往南太平洋航线——澳大利亚。

北京—悉尼(PEK—SYD)：飞机从北京出发，经过武汉、广州、菲律宾、印度尼西亚，最后到达澳大利亚悉尼。

1. 航线介绍

北京—悉尼(PEK—SYD)。

北京首都国际机场—悉尼国际机场(PEK—SYD)	城距：8km
中国国际航空股份有限公司	航班号：CA173
澳大利亚快达航空公司	航班号：QF187

时差：悉尼与标准时间 +10(冬) +11(夏)。

与北京时间 +2(冬) +3(夏)。

飞行距离：9 800km。

飞行时间：11h20min。

飞行高度：10 000/11 000m。

飞越国家：中国、菲律宾、澳大利亚。

飞越河流：黄河、淮河、长江、珠江。

飞越湖泊：洪湖。

飞越山脉：罗霄山脉、南岭、白云山。

飞越海域：南海、苏拉威西海、班达海。

2．机场简介

悉尼机场 (Sydney Airport)(三字代码：SYD；四字代码：YSSY)，全称道格拉斯麦克柯迪悉尼机场，机场建于1929年，2009年7月27日，机场的名字由"悉尼机场"改为"道格拉斯麦克柯迪悉尼机场"。

悉尼金斯福德·史密斯国际机场 (Sydney Kingsford Smith International Airport) 亦称作悉尼国际机场，位于澳大利亚新南威尔士州悉尼马斯觉 (Mascot)，也是澳大利亚航空、维珍蓝航空、捷星航空、区域快线的枢纽机场。

金斯福德·史密斯国际机场是全球持续运营时间最长的机场之一，也是全澳大利亚最繁忙的机场。它吸引了大约49%的出入澳大利亚的国际旅客以及30%的澳大利亚国内客流。它是一个世界水准的国际机场，拥有规模不小的商业区，超过150家机场商店，还设有一系列可以供儿童游乐的设施。悉尼金斯福德·史密斯机场被公认为是世界上在机场零售业方面表现最佳的两个机场之一，是亚太地区在零售业方面的最佳机场，如图3-3所示。

图3-3　金斯福德·史密斯国际机场

（七）俄罗斯航线：RU(Russian route)

俄罗斯航线连接二区和三区，TC2和TC3：Travel between 2 and 3。

俄罗斯的欧洲部分和第三区之间的航线，在俄罗斯和日本/韩国间不经停。

- MOW—TYO(莫斯科—东京)。
- HKG—TYO—MOW(香港—东京—莫斯科)。
- HKG—SEL—MOW—LED(香港—首尔—莫斯科—圣彼得堡)。

下面介绍中国飞往俄罗斯航线。

北京—莫斯科 (PEK—MOW)：飞机从北京出发，经过蒙古，跨过鄂毕河，经过北德维纳，最后到达莫斯科。

<u>1．航线介绍</u>

北京—莫斯科 (PEK—MOW)。

北京首都国际机场—莫斯科谢列梅捷沃国际机场 (PEK—SVO)　　　城距：29km

中国国际航空股份有限公司　　　　　　　　　　　　　　　　　　航班号：CA909

时差：莫斯科与标准时间 +3

　　　与北京时间 −5

飞行时间：7h55min。

飞行距离：6 188km。

飞行高度：9 000/10 000m。

飞越国家：中国、蒙古、俄罗斯。

飞越河流：色楞格河、鄂毕河、北德维纳河、莫斯科河。

飞越山脉：燕山山脉、西萨彦岭山脉、乌拉尔山山脉。

<u>2．机场介绍</u>

谢列梅捷沃国际机场距离莫斯科中心西北方29km(18mile)，是俄罗斯航空的枢纽港，也是俄罗斯境内的第二大机场，仅次于多莫杰多沃国际机场。该机场在2010年共运输了约1 933万名乘客。

谢列梅捷沃国际机场于1959年8月11日开始启用，第一班国际航班是在1960年6月1日启航，目的地是柏林（舍讷费尔德机场）。谢列梅捷沃1号客运大楼（处理国内航班）和2号客运大楼是客运大楼中两个较大的，在1980年1月1日启用，是为了1980年夏季奥林匹克运动会而启用的，这座客运大楼是用来处理出发和抵达的国际航班。国内及包机的出发和抵达航班就在谢列梅捷沃。两座客运大楼中并没有设施连接，它们都坐落在不同的地方，两座大楼由两条跑道隔开，这样的布局在世界上较为少见。

（八）远东航线：FE（Far East route）

远东航线是指俄罗斯欧洲部分/乌克兰和IATA三区之间的旅行，在俄罗斯欧洲部分/乌克兰与IATA三区之间（不包括日本/韩国）有不经停的航线。以上三种航线也称为欧亚航线，它是连接欧洲和远东的航线。

- MOW—SIN（莫斯科—新加坡）。
- IEV—MOW—BJS—TYO（乌克兰基辅—莫斯科—北京—东京）。

(九)西伯利亚航线：TS（Trans Siberian route）

西伯利亚航线是指第二区和第三区之间航线的一个直达的航班在欧洲和日本/韩国之间。

- STO—TYO(斯德哥尔摩—东京)。
- SHA—SEL—PAR(上海—首尔—巴黎)。
- BKK—SEL—MOW—LON(曼谷—首尔—莫斯科—伦敦)。
- MOW—PAR—OSA(莫斯科—巴黎—大阪)。

下面介绍中国飞往西伯利亚航线——法国。

北京—巴黎(PEK—PAR)：飞机从北京出发，经过蒙古、俄罗斯、芬兰、瑞典、丹麦、德国、荷兰、比利时，最后到达法国。

1．航线介绍

北京—巴黎(PEK—PAR)。

北京首都国际机场—巴黎戴高乐国际机场(PEK—CDG)　　城距：23km

中国国际航空股份有限公司　　航班号：CA933/4

法国航空公司　　航班号：AF129

时差：巴黎与标准时间：+1(冬)　+2(夏)

　　　　与北京时间：-7(冬)　-6(夏)

飞行时间：11h5min。

飞行距离：8 514/8 554km。

飞行高度：9 000/10 000m。

飞越的国家：中国、蒙古、俄罗斯、芬兰、瑞典、丹麦、德国、荷兰、比利时、法国。

飞越的河流：色楞格河、鄂毕河、北德维纳河、莱茵河。

飞越的海域：波罗的海、北海。

飞越的山脉：燕山山脉、西萨彦岭山脉、乌拉尔山山脉、阿尔卑斯山脉。

2．机场简介

巴黎共有3个大型机场和11个中小型旅游、军用机场和布尔热机场。

现在提到巴黎机场(简称ADP)，人们一般会想到戴高乐机场(CDG)和奥利机场(ORLY)，这两个机场是巴黎的主要机场。戴高乐机场主要负责接待国际航班，奥利机场比戴高乐机场的规模要小一些，主要负责接待国内航班和部分欧洲航班。

3．戴高乐机场

夏尔·戴高乐机场，通常称为鲁瓦西·夏尔戴高乐机场，是位于巴黎东北部23km的巴黎大区机场。它是法国第一大机场，它的名字取自法国领导人夏尔·戴高乐将军。机场占地的一半以上都位于法兰西到鲁瓦西镇，有时它还被称作鲁瓦西、巴黎-鲁瓦西、鲁瓦西-夏尔·戴高乐、鲁瓦西CDG或夏尔·戴高乐，在中国，人们把它叫作夏尔·戴高乐机场。它是欧洲第二大中转机场，仅次于英国伦敦的希斯罗机场，由巴黎机场集团运营，如图3-4所示。

图3-4　戴高乐机场

4. 奥利机场

奥利机场在巴黎南14.4km处，建于1961年的奥利机场，居世界第15位、欧洲第3位。奥利机场的历史悠久，戴高乐机场建成以前一直是法国的空中门户，直到现在，各国政要的专机和国内航班仍然在这里起降。

奥利机场有南和西两个机场。国际航线荷兰航空公司和埃及航空公司几乎都在南机场起降，国内航线一般会西机场起降。

（十）环球航线：AP(Atlantic and Pacific)

环球航线是指跨越太平洋和大西洋的航线，以东向或西向绕地球环行。

● HKG—TYO—LON(香港—东京—伦敦)。

● SHA—LAX—PAR(上海—洛杉矶—巴黎)。

下面介绍中国飞往环球航线—西班牙—圣保罗。

北京—马德里—圣保罗(PEK—MAD—SAO)：飞机从北京出发，经过蒙古、俄罗斯、芬兰、瑞典、丹麦、德国、荷兰、比利时、法国、西班牙、贝罗奥里藏特，最后到达圣保罗。

1. 航线介绍

(1) 北京—马德里 (PEK—MAD)。

北京首都国际机场—马德里巴拉哈斯国际机场 (PEK—MAD)　　市区距离：12km

中国国际航空股份有限公司　　　　　　　　　　　　　　　　航班号：CA907/8

时差：西班牙与标准时间：+1(冬)　+2(夏)

　　　与北京时间：-7(冬)　-6(夏)

飞行时间：11h。

飞行距离：9 489km。

飞行高度：9 000/10 000m。

飞越的国家：中国、蒙古、俄罗斯、芬兰、瑞典、丹麦、德国、荷兰、比利时、
　　　　　　法国、西班牙。

飞越的河流：色楞格河、鄂毕河、北德维纳河、莱茵河。

飞越的海域：波罗的海、北海。

飞越的山脉：燕山山脉、西萨彦岭山脉、乌拉尔山脉、比利牛斯山脉。

(2) 马德里—圣保罗—马德里 (MAD—SAO—MAD)。

巴拉哈斯国际机场—瓜鲁柳斯国际机场 (MAD—SAO)　　市区距离：16km

中国国际航空股份有限公司　　　　　　　　　　　　　　航班号：CA907/8

时差：西班牙与标准时间：+1(冬)　+2(夏)

　　　与北京时间：-7(冬)　-6(夏)

飞行时间：9h40min。

飞行距离：8 545km。

飞行高度：9 000/10 000m。

飞越的国家：西班牙、佛得角、巴西。

飞越的河流：圣弗朗西斯科河。

飞越的海域：大西洋。

飞越的群岛：加那利群岛。

飞越的山脉：埃斯皮纳索山脉。

2. 机场简介

1) 马德里巴拉哈斯机场

马德里巴拉哈斯机场 (Aeropuerto de Madrid-Barajas) 位于距离马德里市中心东北部

12km 处，是西班牙最重要的机场。在 2006 年重新启用后，该机场已成为西班牙国内最大的出入境通道，同时也是伊比利亚半岛和南欧最大的机场。马德里机场有 T1、T2、T3、T4 厅，在未来 10 年内，马德里机场可以成为欧洲四大机场之一。

2) 圣保罗国际机场（又称孔戈尼亚斯国际机场）

巴西圣保罗机场位于圣保罗市中心东北部 22km 处，是巴西和南美洲乘客流量最大的机场，每日平均有 630 架飞机起降，是巴西圣保罗的第二个国际机场。1957 年，该机场成为世界第三大货运及航空机场。

圣保罗国际机场是巴西圣保罗的大型国际机场，拥有两座航站楼和五个货运场。由于孔戈尼亚斯机场发生事故以及跑道较短，所有国际航班已经转移到圣保罗国际机场。

（十一）极地航线：PR(The Polar route)

北极航线或南极航线也称极地航线，是穿越北极上空的重要航线，用于连接北美和欧洲、亚洲的城市。欧洲与北美之间的跨极地飞行，早在 20 世纪 20 年代就已拉开序幕，商业飞行历史已超过 40 年。

亚洲至美洲，跨越太平洋上空的航路以往都是按一定的弧度围绕地球的同纬度飞行，而极地的航路则是一条沿经度方向穿越极地的航路。从目前的飞机性能和常规航线看，全球还没有哪一种飞机能从中国中途不经停而直飞美国东海岸的，在短时间内，也不可能制造出超远程的飞机。在这种情况下，飞越极地上空，就成为中美航线商业飞行中寻找的最经济、最有效的航路，也是航空公司追寻的一个商机。

欧洲与北美洲之间的跨极地飞行早在 20 世纪初期就已拉开序幕，商业飞行历史已超过 40 年。北极航路飞行条件比较复杂，需要考虑多方面因素，如航路备降机场的选定、备降救援计划、防止燃油结冰的措施和燃油温度监控、导航、通信的特点、太阳耀斑影响、机载设备的考虑、航空公司机组签派、机务等人员的培训、区域运行批准对验证飞行的要求等。极地飞行线走极地航路，一个航班可节省燃油费用 10 多万元人民币。但是极地飞行面临巨大挑战，如备降机场稀少，机场设施条件差；磁场对航空器导航设施、通信有一定干扰；常年低温，上空大气层温度达到 -60～70℃，比常规航路上的大气温度低 10～20℃，使用普通航空燃油可能会结冰。

开辟航线是从 1996 年开始，国际航空运输协会协调美国、加拿大、俄罗斯、蒙古、中国等国的空域管理部门，经过多轮磋商，解决政策、法规、财政、技术等问题，共同开辟了四条跨越北极地区上空连接北美和亚洲的新航路，即极地航路。

极地航线为直飞国际航班的航空公司提供了比以前更多的直飞航路选择。与传统航线相比，极地航线不仅在缩短航程时间和减少油耗方面更具优势，而且为开通新的直飞航班提供了可能。

2001年2月1日，北极航路正式开通，标志着从北美东海岸到亚洲之间空运市场的发展迈出了重要的一步。

2001年7月15日，南航北极航路验证飞行成功。中国南方航空股份有限公司的大型B777向北飞过美国和加拿大领空，经过北极区域，再飞过俄罗斯和蒙古的新航路，经过14h的飞行到达北京。2001年1月16日至19日，中国国际航空股份有限公司使用B747-400型飞机跨越北极，圆满地完成了北京至纽约极地飞行验证任务。

新极地航线穿越北极地区，将北美洲与亚洲城市连接起来。例如，纽约—香港，传统航线的飞行距离是7 900n mile(14 639km)以上，超出了现役喷气机的正常航程范围，但极地航线使航程缩短了350mile(可能会受风速的影响而变化)，使B747-400型、B777-200ER(加长型)等现役飞机都可以直飞目的地。

- PEK—NYC(北京—纽约)。
- TYO—ANC—LON(东京—安格雷奇—伦敦)。
- HKG—NYC(香港—纽约)。
- TYO—ANC—STO(东京—安格雷奇—斯德哥尔摩)。

下面介绍中国飞往极地航线——美国。

北京—纽约(PEK—NYC)：飞机从北京出发，经过蒙古、俄罗斯，跨过北极，经过多伦多，最后到达纽约。

1. 航线介绍

北京—纽约(PEK—NYC)。

北京首都国际机场—纽约肯尼迪国际机场(PEK—JFK)　　城距：24km

中国国际航空股份有限公司　　航班号：CA981

美国联合航空公司　　航班号：UA088

时差：纽约与标准时间：-8(冬)　-7(夏)

　　　　与北京时间：-12(冬)　-13(夏)

飞行时间：13h30min。

飞行距离：11 902km。

飞行高度：10 000m。

飞越国家：中国、俄罗斯、阿拉斯加(美)、加拿大、美国。

飞越河流：松花江、黑龙江、马更些河（加）、圣劳伦斯河。

飞越海域：鄂霍次克海、白令海峡、大熊湖、哈德逊湾。

2. 机场简介

纽约约翰·菲茨杰拉德·肯尼迪国际机场是纽约市的主要国际机场，也是全世界最大的机场之一，如图 3-5 所示。1963 年 11 月 22 日美国总统约翰·肯尼迪遇刺身亡，12 月 24 日原机场改名为"约翰·菲茨杰拉德·肯尼迪国际机场"以纪念这位先总统，随后，机场的国际航空运输协会机场代码更新为 JFK。该机场共有四条跑道。

图 3-5　约翰·菲茨杰拉德·肯尼迪国际机场

三、世界主要国际航线的特点

世界主要国际航线的特点如下。

(1) 航线最密集的地区和国家为欧洲、北美、东亚等地。航线最繁忙的海域为北大西洋以及北太平洋，最繁忙的陆地航线为欧亚航线。

(2) 航线走向的总趋势呈东西向，主要的国际航线集中分布在北半球的中纬地区，大致形成一个环绕纬圈的航空带。

(3) 在纬向航空带的基础上，由航线密集区向南辐射，形成一定的经向航线的分布。

练习题

1．南太平洋航线所到达的国家和城市具有典型的自然风光，是目前推崇的什么航线？

2．中国飞往南太平洋航线是哪一条？

3．金斯福德·史密斯国际机场是哪个国家的机场？城距是多少？

4．CA173 航班飞行距离、飞行时间及飞行高度是多少？

5．北京飞往莫斯科航线途经的河流与山脉有哪些？

6. 请写出北京—莫斯科三字英文代码、机场名称。

7. 远东航线是指俄罗斯欧洲部分、乌克兰和三区之间的旅行，又称什么航线？

8. 西伯利亚航线是指哪个区之间的航线？

9. 北京飞往西伯利亚的航线是哪一条？沿途经过哪些国家？

10. 巴黎与北京的时差是多少？

11. 夏尔·戴高乐国际机场是哪个国家的机场名称？距离市区多少千米？

12. 环球航线是指什么样的航线？举例说明。

13. 极地航线飞行特点是什么？跨极地航线飞行对航空公司有哪些优势？

14. 中国跨越极地飞行的航线是哪条？请写出该航线城市英文三字代码、机场名称。

15. 世界上航线最密集的是哪些地区和国家？

第三节　世界三大航空联盟简介

本节重点介绍世界三大航空联盟组织，通过对本节的学习，读者对世界三大航空联盟的前期组建、中期的发展、后期壮大将有一个初步的了解和认识。

一、星空联盟

星空联盟是全球规模最大的航空策略联盟，由五家航空公司于1997年共同组成，创始成员有加拿大航空、德国汉莎航空、北欧航空、泰国国际航空和美国联合航空，其标志如图3-6所示。

图 3-6　星空联盟标志

星空联盟成立的主要宗旨是希望借由各成员所串联而成的环球航空网络，提供给乘客一致的高品质服务以及全球认可的识别标志，并提升每个联盟成员在本地及全球所提供的服务及发展统一的产品服务。

1997年年底巴西航空加入，1999年澳洲安捷航空、新西兰航空和全日空航空陆续加入星空联盟的行列，新加坡航空及奥地利航空集团（包括奥地利航空、劳达航空和

Tyrolean 航空)于 2000 年 4 月正式宣布成为星空联盟的一员，2000 年下半年墨西哥航空与英伦航空加入，2003 年 3 月韩亚航空、4 月西班牙斯班航空也正式加入星空联盟组织，波兰航空于 2003 年 10 月正式加入，2004 年 5 月全美航空加入，2005 年 3 月葡萄牙航空加入，2006 年 4 月瑞士航空与南非航空正式成为星空联盟成员。由于它们的加入，可以为星空联盟的旅客创造更可观的优惠和福利，18 家成员航空涵盖全球五大洲的航线，将使星空联盟的全球航空网络更为广泛及完整。星空联盟的庞大飞行航线网涵盖 152 个国家，超过 800 个航点，透过星空联盟成员的共同协调与安排，将为旅客提供更多的班机选择、更理想的接机时间、更简单化的订票手续及更妥善的地勤服务，符合资格的旅客可享用全球超过 500 个机场贵宾室及相互通用的特权和礼遇。会员搭乘任一星空联盟成员的航班，皆可将累计里程数转换至任一成员航空的里程酬宾计划的账户内，进而成为该计划的尊贵级会员。例如，您是泰航兰花会员，只要一年内累计 50 000mile 或两年内累计 80 000mile，即可成为泰航兰花金卡会员，同时享有星空联盟为期两年的金钻级会员资格，金钻级会员可享受订位及机场候补机位优先确认权，优先办理机场报到、登机、通关及行李托运等手续。不仅如此，任一星空联盟的乘客只要是持全额、无限制条件的机票，如果在机场欲临时更改航班，不需要至原开票航空公司进行背书，便可直接改搭联盟其他成员的航班。另外，星空联盟设计了以飞行里程数为计算基础的"星空联盟环球票"，票价经济实惠，再加上联盟的密集航线网，使旅客轻松实现环游世界的梦想。

星空联盟已于德国法兰克福机场设置共同票务柜台，于伦敦成立星空联盟市区票务中心、香港赤鱲角机场的星空联盟专用贵宾室及各成员尽可能将机场柜台安排在同一栋航站大楼，这些皆显示星空联盟尽心尽力在购票、机场报到及登机等方面为旅客提供更多的便利，同时可减少成本，提高效率，以合作代替竞争。星空联盟将继续致力于发展更多崭新的高品质服务项目，以期能够满足全球旅客的需求。

墨西哥航空 2004 年已退出联盟。巴西航空在 2007 年 1 月已退出联盟。西班牙航空公司 2012 年 3 月已退出联盟。美国大陆航空公司 2012 年 3 月已退出联盟。英伦航空又译为英国中部航空，2012 年 4 月已退出联盟。全美航空 2014 年退出星空联盟，加入寰宇一家。

星空联盟除创始成员外，还有亚德里航空、中国国际航空、印度航空、新西兰航空、爱琴海航空、全日空航空、韩亚航空、奥地利航空、阿维安卡航空、巴西阿维安卡航空、布鲁塞尔航空、巴拿马航空、克罗地亚航空、埃及航空、埃塞俄比亚航空、长荣航空、波兰航空、深圳航空、新加坡航空、南非航空、瑞士国际航空、葡萄牙航空、土耳其航空。

星空联盟主要的合作方式包括扩大代码共享(Code-Sharing)规模，常旅客计划(Frequent Flyer Program，FFP)的点数分享，航线分布网的串联与飞行时间表的协调，在各地机场的服务柜台与贵宾室共享，共同执行形象提升活动。相对于航空公司之间的复杂合作方式，对一般的搭机旅客来说，要使用星空联盟的服务则比较简单，他们只需申办16家成员航空公司提供的14个独立常旅客计划中的任何一个（重复申办不同公司的FFP并没有累加作用），就可以将搭乘不同航空公司班机的里程累积在同一个FFP里。除此之外，原本是跨公司的转机延远航段也被视为是同一家公司内部航线的衔接，因此在票价上有机会享有更多优惠。

二、天合联盟

2000年6月22日，在世界营业额排名第四的美国达美航空公司、排名第十的法航、大韩航空公司和墨西哥航空公司执行总裁们在纽约宣布，共同组建"天合联盟"[Sky Team(见图3-7)，也可译为"空中联队"]，从而宣告了国际航空运输市场新一轮竞争的开始。

图3-7　天合联盟标识

2001年，意大利航空公司和捷克航空公司两家欧洲航空公司，加入了天合联盟，使它的网络快速地增长。随着美国大陆航空公司、美国西北航空公司、荷兰皇家航空公司和俄罗斯航空公司的加入，目前，天合联盟拥有10多个成员航空公司，超过14 615个日常航班和728个在149个国家的目的地。天合联盟使常旅客的生活更加轻松。

三角航空公司加入天合联盟后，其为乘客提供的在亚特兰大哈兹菲尔德国际机场的转机服务扩展到4 442个航班、全球227个目的地，免除了烦琐的转机手续，深受乘客的欢迎。

天合联盟是五大联盟中经营航线最多的联盟，参加该联盟的四家航空公司共拥有飞机980架，日航班量达6 402个，年客运量达1.76亿人次，占全球客运市场的11.7%，年营业额为310亿欧元。

天合联盟成员航空公司如下。

亚洲：中国东方航空、厦门航空、中华航空、大韩航空、越南航空、黎巴嫩中东航空、印度尼西亚鹰航空、沙特阿拉伯航空。

欧洲：法国航空、荷兰皇家航空、意大利航空、捷克航空、俄罗斯航空、罗马尼亚航空、欧罗巴航空。

美洲：达美航空、墨西哥国际航空、阿根廷航空。

非洲：肯尼亚航空。

（一）墨西哥航空公司

墨西哥航空公司作为全球最可信赖的航空公司之一而久负盛名，乘客可以乘坐墨西哥航空公司的航班到世界的任何角落。墨西哥航空公司拥有超过 317 个日常航班到全世界的 49 个目的地，包括到南美和欧洲的直达航班。

（二）法国航空公司

法国航空公司是世界上主要的航空公司之一，是第三大国际旅客承运人和第四大货物承运人。法国航空公司在飞机维修方面排名世界第二。

巴黎的戴高乐机场为法国航空提供了一个高效而现代化的中心枢纽。

（三）荷兰皇家航空公司

荷兰皇家航空公司 (KLM) 成立于 1919 年，是世界上仍在使用原名运作的、历史最久远的航空公司。在它长期的运作历史中，KLM 在确定全世界航空工业形势中扮演了重要的角色。阿姆斯特丹机场 Schiphol 为 KLM 提供了一个高效的、结构优良的、关系良好的中心枢纽，全球化的网络、高效的地面服务、身心娱乐的机上服务和有竞争力的票价令 KLM 成为荷兰国人的首选，每年有超过 180 万旅客。

2004 年，KLM 与法国航空公司合并，组建了欧洲最大的航空公司集团——Air France-KLM，覆盖了两个知名品牌，拥有强大的中心枢纽和互补的网络，总共为 225 个目的地提供服务。

（四）意大利航空公司

意大利航空公司拥有超过 50 年的历史和专业的旅客服务经验。意大利人悠久的、热情的、高素质的待客传统，使得乘坐意航的班机既方便又舒适。

（五）捷克航空公司

捷克航空公司通过它在布拉格的中心枢纽，为旅客提供来回于西欧与东欧、北美、中东和非洲之间的便利的服务。现代化的机群、经验丰富的机师和一流的机上服务是它成长的关键因素。

（六）美国达美航空公司

美国达美航空公司致力于通过出色的服务，将旅行者在他们想要的时间送到他们想到达的地方去。

美国达美航空的中心枢纽是亚特兰大的 Hartsfield-Jackson 机场,世界上最繁忙的机场,每年运送旅客超过 8 000 万。

(七)大韩航空公司

在机上服务方面,大韩航空一贯被认为是世界领先的。大韩航空的空服员以他们的友善和杰出的专业水平而出名。大韩航空为出发到亚洲、美洲、欧洲和太平洋的商务和度假的旅客提供世界级的服务。首尔的 Incheon 中心枢纽港为公司的 87 个目的地提供顺畅和轻松的连接。

(八)俄罗斯航空公司

俄罗斯航空公司是俄罗斯最大的航空公司,国家占有 51% 的股份。它成立于 1923 年,为 45 个国家的 82 个目的地提供服务。俄罗斯航空控制了俄罗斯大约 11% 的国内份额和 39% 的国际份额。2005 年,俄罗斯航空运送了 670 万的旅客。2004 年公司净收入增长到 172 100 万美元。从财政状况看,它是全世界 25 大航空公司之一(ATW 杂志统计),公司拥有 81 架飞机的机队,基地在莫斯科的 Sheremetyevo 机场。

附注:

根据相关规定,联盟成员之间可以相互销售机票并为乘坐任一成员航班的旅行者提供里程累积,以提高客运量。联盟成员也通常共用销售处和乘客休息室等设施以节省成本。同时联盟民航公司还可以调整各自的飞行时刻表,以优化航运网络。

三、寰宇一家

"寰宇一家"(One World)(见图 3-8)为当前世界上最大的航空联盟之一,总部位于加拿大温哥华,其成员航空及其附属航空公司亦在航班时间、票务、代码共享(共挂班号、班号共用)、乘客转机、飞行常客计划、机场贵宾室及降低支出等多方面进行合作。

图 3-8 寰宇一家标识

"寰宇一家"航空联盟成立于 1998 年 9 月 21 日,由英航、美洲航空、加拿大国航、中国香港国泰和澳大利亚快达(QANTAS)五大航空公司发起。建立联盟前，这五家公司就已经有着密切的联系，如美航两年前就决定与英航联合，并与另外四家公司分别建有市场合作关系；美航在加航中享有33%的股份，英航在康达斯中也占有25%的股份。

新的结盟是这些关系的发展，结盟后的新措施包括：①在与本公司不存在竞争关系的航线上，为其他成员公司的乘客提供票位安排服务；②各成员公司的"经常性乘客"所获得的"里程优惠"可在成员公司之间互换通用；③一成员公司的头等舱乘客可使用其他成员公司的机场候机室等。结盟使五家航空公司获益匪浅，尤其是中国香港国泰在很大程度上补足了其他盟友在远东市场的份额。

"寰宇一家"成立后，又有西班牙伊比利亚航空公司等四家公司加盟，目前其成员已达10家，拥有飞机1 959架，年客运量2.24亿人次，占全球市场的14.9%，年营业额为560亿欧元。

寰宇一家现有共130余个国家的600余个航点，每天约有8 000架飞机起飞。寰宇一家亦为往年持续保持盈利的航空联盟。

寰宇一家除创始成员外，还有芬兰航空、西班牙国家航空、日本航空、智利国家航空、约旦皇家航空、西伯利亚航空、卡塔尔航空、马来西亚航空、巴西天马、全美航空、斯里兰卡航空。

这里要注意的是，创始航空公司加拿大国际航空公司，因于2000年被属于星空联盟的加拿大枫叶航空并购，加拿大枫叶航空改为加拿大航空，为此退出联盟。

练习题

1．世界上有哪三大航空联盟？
2．星空联盟何时成立？创始成员国分别是哪些航空公司？
3．星空联盟至今有哪些航空公司？
4．中国境内有哪些航空公司加入星空联盟？
5．天合联盟何时成立？英文全称是什么？
6．天合联盟服务口号是什么？不存在的词汇是什么？最爱说的词汇是什么？
7．中国境内有哪些航空公司是天合联盟成员？
8．请说出寰宇一家航空联盟英文全称，以及它成立的年份。
9．寰宇一家航空联盟在全球有哪些业务合作？请举例说明。

第四节　国际航线基础知识

通过对本节的学习，读者对赤道、经线、格林尼治、时区、日界线、时差知识将有所了解，学会这些知识与国际航线的关联和运用。

一、赤道

在地球仪上，同南北两极等距的大圆称为赤道。同赤道平行的线叫作纬线，指示东西方向，所有纬线的长度不相等，纬线标注的度数就是纬度，赤道纬度为零，如图 3-9 所示。

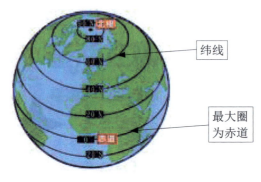

图 3-9　赤道

二、本初子午线

在地球仪上，连接南北两极的线叫作经线或子午线。经线指示南北方向，所有的经线长度相等，经线标注的度数就是经度。国际上通过英国伦敦格林尼治天文台原址的那条经线称为 0°经线，也叫本初子午线，如图 3-10 所示。

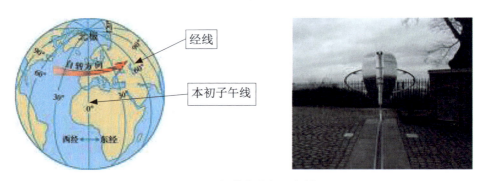

图 3-10　经线和本初子午线

三、时区

国际上根据经度相差 15°时差为 1h 的道理，以 0°经线为中央经线，从西经 7.5°至东经 7.5°，作为中时区（也称零时区）。在中时区以东，依次划分为东一区至东十二区；中时区以西，依次划分为西一区至西十二区。东十二区与西十二区各跨经度 7.5°，合为一个时区，180°经线是东、西十二区共有的中央经线。这样，将全球划分为 24 个时区，每个时区跨度经度 15°，如图 3-11 所示。

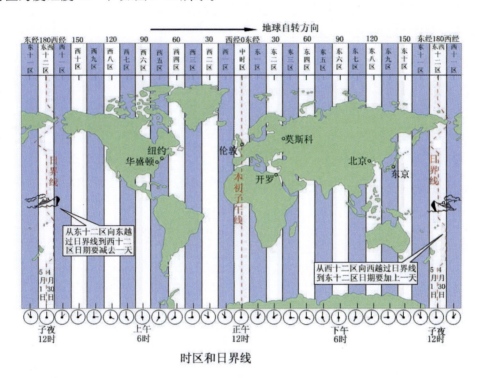

图 3-11　时区和日界线

四、日界线

日界线又名"国际日期变更线""国际改日线"。为避免地球上各地区因位置不同、日出时的差异所造成的日期上的紊乱，1884 年国际经度会议决定将经度 180°的子午线作为日期变更的界线，由西向东航行过日界线时须减去一天，由东向西航行过日界线时须增加一天。

五、时差

两个地区地方时之间的差别称作时差。

由于地球不停地自西向东自转，因此东边的地方比西边的地方先看到日出，也就是说东边时刻总是比西边地点时刻要早。地球每 24h 自转 360°，即 1h 转过经度 15°，地球又分成 24 个时区，这样，每一个时区不同，时刻就不同。

1. 地球仪上每一条纬线的长度是否相等？赤道纬度是多少？
2. 经线两端连接着什么？"格林尼治"位于哪个国家？
3. 什么叫作"时区"？全球共划分多少个时区？
4. 什么叫作日界线？
5. 时差对飞行有什么影响？

第四章
国际航线

【本章内容提示】

本章重点介绍了中国飞往不同区域、不同国家的航线基础知识及特点。通过学习，使学生了解从北京起飞至欧洲、美洲、大洋洲、亚洲等航线的飞行走向，掌握每条航线所跨越的时区、飞行时间、飞行的距离、机场概况等方面的知识。

第一节　国际航线机上相关知识

本节主要介绍在国际航班上的特殊服务项目，均属于全球各大航空公司刊号机上通用的相关知识。

一、机上销售

机上免税品是指航空公司按照海关核准的经营品种，通过专供店提供，通过统一报经海关总署批准，外包装显著位置上加印"中国关税未付"的中英文字样的商品。

为了提高航空公司机上服务质量，使乘客在旅途中享受便捷、实惠的购物条件，各家航空公司纷纷在国际航班上开设了机上免税商品销售这一项特殊的服务。

飞机上所销售的免税商品均属于世界一流名牌，是根据各国海关规定在本国境内禁止销售的免税商品，乘客可以根据各国海关的规定携带一定数量的商品，购买方式可使用多种不同国家货币或规定允许使用的全球通信用卡或支票等，但如图 4-1 所示。

图 4-1　免税商品

二、关封

关封是指海关为了准确通知国际航线经停国内段的当地海关人员，在该航班上共有多少国际客人需要办理海关出入境手续的人数。中国海关规定：所有出入境乘客必须在第一出入境口岸办理海关手提行李的检查、托运行李终点站领取。因此，飞机在起飞之前没有接到海关关封，禁止起飞。关封由当班乘务长负责传递。

三、CIQ 表格

CIQ 是指国家执法机关在各个出入境口岸设立的边防检疫站、移民局、海关关口，其职能是对出入境人员进行健康、身份、携带物品、行李检查和保护。为了缩短通关时间，每位乘坐国际航班的乘客需要在下机之前完成 CIQ 表格的填写，如图 4-2 所示。

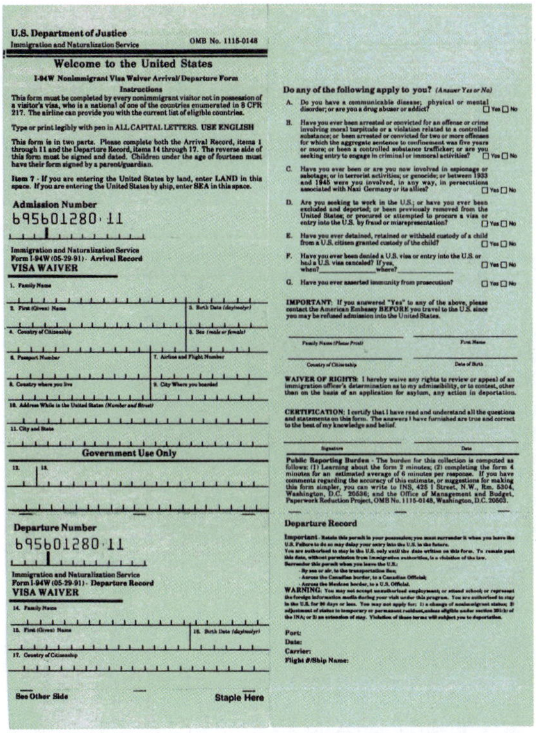
U.S. Department of Justice
Immigration and Naturalization Service
OMB No. 1115-0148
Welcome to the United States
I-94W Nonimmigrant Visa Waiver Arrival/Departure Form
Instructions
Admission Number
695601280 11
Immigration and Naturalization Service
Form I-94W (05-29-91) - Arrival Record
VISA WAIVER
Government Use Only
Departure Number
695601280 11
Immigration and Naturalization Service
Form I-94W (05-29-91) - Departure Record
VISA WAIVER
See Other Side
Staple Here
Do any of the following apply to you? (Answer Yes or No)
IMPORTANT:
WAIVER OF RIGHTS:
CERTIFICATION:
Public Reporting Burden
Departure Record
Important
WARNING:
Port:
Date:
Carrier:
Flight #/Ship Name:

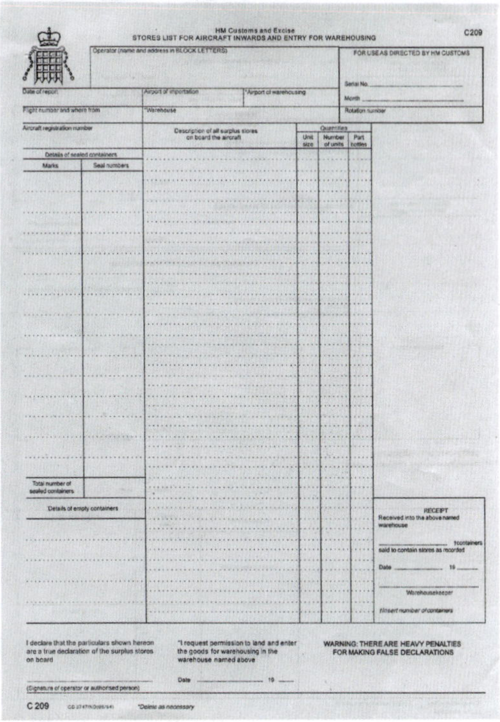
HM Customs and Excise
STORES LIST FOR AIRCRAFT INWARDS AND ENTRY FOR WAREHOUSING
C209
Operator (name and address in BLOCK LETTERS)
FOR USE AS DIRECTED BY HM CUSTOMS
Date of report
Airport of importation
Airport of warehousing
Flight number and where from
Warehouse
Aircraft registration number
Description of all surplus stores on board the aircraft
Quantities
Unit size
Number of units
Part bottles
Details of sealed containers
Marks
Seal numbers
Total number of sealed containers
Details of empty containers
RECEIPT
Received into the above named warehouse
said to contain stores as recorded
Date 19
Warehousekeeper
I declare that the particulars shown hereon are a true declaration of the surplus stores on board
I request permission to land and enter the goods for warehousing in the warehouse named above
Date 19
WARNING: THERE ARE HEAVY PENALTIES FOR MAKING FALSE DECLARATIONS
(Signature of operator or authorised person)
C 209
*Delete as necessary

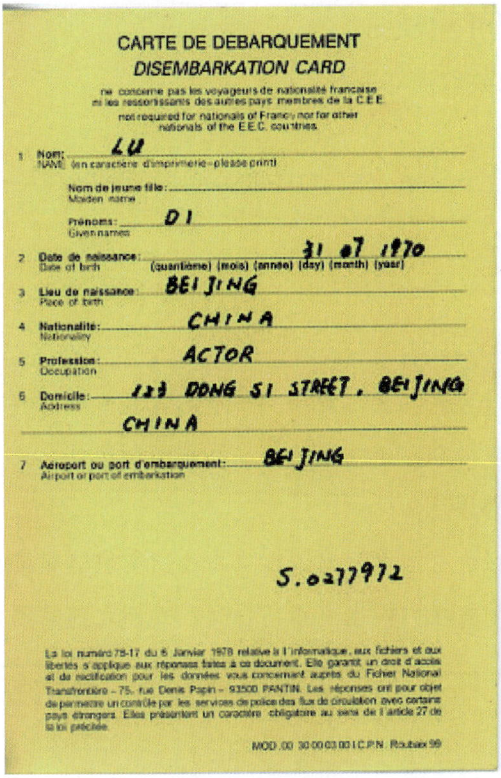
CARTE DE DEBARQUEMENT
DISEMBARKATION CARD
ne concerne pas les voyageurs de nationalité française
ni les ressortissants des autres pays membres de la C.E.E.
not required for nationals of France nor for other
nationals of the E.E.C. countries
1 Nom: LU
NAME (en caractère d'imprimerie—please print)
Nom de jeune fille:
Maiden name
Prénoms: DI
Given names
2 Date de naissance: 31 07 1970
Date of birth (quantième) (mois) (année) (day) (month) (year)
3 Lieu de naissance: BEIJING
Place of birth
4 Nationalité: CHINA
Nationality
5 Profession: ACTOR
Occupation
6 Domicile: 123 DONG SI STREET, BEIJING CHINA
Address
7 Aéroport ou port d'embarquement: BEIJING
Airport or port of embarkation
S.0277972
La loi numéro 78-17 du 6 Janvier 1978 relative à l'informatique, aux fichiers et aux libertés s'applique aux réponses faites à ce document. Elle garantit un droit d'accès et de rectification pour les données vous concernant auprès du Fichier National Transfrontière - 75, rue Denis Papin - 93500 PANTIN. Les réponses ont pour objet de permettre un contrôle par les services de police des flux de circulation avec certains pays étrangers. Elles présentent un caractère obligatoire au sens de l'article 27 de la loi précitée.
MOD.00 30 00 03 00 I.C.P.N. Roubaix 99

图 4-2 CIQ 表格

四、喷药

有些国家检疫规定，飞机落地之前需要对飞机客舱喷洒药物，乘务员要提前广播通知乘客，提醒有药物过敏者用手帕捂住口鼻处，以防不适，飞机落地后要做好与地面交接工作，如图4-3所示。

图4-3 喷药

五、温度的换算

目前世界上温度有摄氏度（℃）和华氏度（℉）两种计量表示方法，我国和一些国家采用摄氏度，另一些国家采用华氏度。

摄氏度与华氏度的换算公式如下。

$$℃ \times 9/5 + 32 = ℉$$

$$(℉ - 32) \times 5/9 = ℃$$

练习题

1．什么叫免税商品？

2．旅客在飞机上可以随意购买喜欢的免税商品吗？有几种付款方式？

3．如何理解在本国境内禁止销售免税商品？请举例说明。

4．请描述关封及它的作用。

5．中国海关规定，到达中国第一出入境口岸的所有旅客需要办理哪些手续？

6．所有国际航班都需要在飞机上喷洒药物吗？喷洒之前需要做哪些准备工作？

7．温度换算。

已知：北京温度14℃，求为多少华氏度？

已知：巴黎温度85℉，求为多少摄氏度？

第二节　中国国际航班的特点

中国国际航空公司是中国第一家开辟国际航线的航空公司，至今已经开辟了 30 多个国家和地区航线，飞遍了世界各个角落。每一个国家和地区航班上的特点均有所不同，我们把它归纳总结，向大家逐一介绍。

一、欧洲航班的特点

欧洲航班的特点如下。

（一）欧洲游客

多数欧洲乘客身材高大魁梧，由于空中飞行时间长，特别是坐在经济舱座位上的乘客容易疲劳、烦躁，喜欢在客舱里走动、站立，放松自己，当飞机遇有颠簸时，乘务员必须提醒乘客回到自己座位上并系好安全带。

（二）商务乘客

商务客人在飞机上通常表现为长时间使用电脑连续工作，或者一路上不吃不喝拼命补觉，乘务员需要适时提供服务。

（三）遣返客人

乘务员要将其安排在远离驾驶舱就座，严禁提供含有酒精的饮料，并协助机上安全员做好客舱安全工作。

（四）欧洲人喜欢饮酒

对于喜欢饮酒的欧洲人，为了飞行安全，乘务员需要控制好供应的酒量，恰到好处为宜。

（五）留学生

在放假期间留学生较集中乘坐飞机，携带行李比较多，乘务员需要提醒他们看管好自己的物品，少量或不饮酒，要提醒他们保持客舱安静，注意客舱卫生。

（六）夜航

夜航飞行时间较长，乘务员需要随时调整客舱温度、灯光、遮光板，为坐在座位里侧外出不便的乘客添加饮料，要经常巡视客舱，提醒睡觉的乘客系好安全带。

（七）需求特殊餐食

乘务员需确认好特殊餐食种类和数量（例如：素食、婴儿餐、犹太餐、穆斯林餐），避免出现服务差错，满足不同乘客的需求。

二、美国、加拿大、澳大利亚航班的特点

（一）婴幼儿

乘务员要合理调配好携带婴儿母亲的座位，严格遵守正确使用婴儿摇篮的规定。

（二）无人陪伴儿童

对单独旅行儿童，严禁在应急出口处玩耍、休息、睡觉，供餐、供饮时把握好热度和种类，乘务员要写好空中日记以便于家长了解孩子行程中的生活。

（三）初次出国留学者

乘务员要帮助乘客妥善安排好过大、过多、过重的行李。

（四）探亲老人

老人喜欢热饮、热饭，乘务员一路上要关心、耐心、细心地照顾好老人的旅途生活。

三、中东航线的特点

（一）劳务人员

大部分乘客是初次乘机，对机上设备陌生、好奇，乘务员应做好细微服务，对坐在紧急出口的客人再次确认，并重申安全规定。

劳务人员用餐、饮水量大，乘务员要充分满足他们的需求，多巡视、勤观察，常打扫卫生间。

（二）朝拜人员

中东地区信奉伊斯兰教，乘务员应当尊重乘客的宗教信仰，严禁提供酒类服务。斋月朝拜期间，乘务员要穿长袖衬衣和裤子执行航班任务。

四、亚洲航线的特点

（一）日本旅行团

日本旅行团学生、老人较集中，而且他们一般不懂英语，交流会有障碍。

（二）东南亚航班华裔

东南亚航班华裔老人多，大多不会讲普通话，乘务员需要耐心服务，帮助他们填写

CIQ 表格。

练习题

1. 留学生较集中乘坐飞机是在什么期间？
2. 商务旅客乘机的特点有哪些？
3. 遇有遣返乘客，乘务员在服务上应该注意什么？
4. 夜航期间，乘务员需要做好哪些服务工作？
5. 乘务员如何照顾好无人陪伴的小旅客？
6. 留学生初次乘坐飞机的特点是什么？
7. 斋月朝拜期间对乘务员着装有什么要求？
8. 伊斯兰教都有哪些禁忌？
9. 东南亚华裔老人，乘坐飞机时经常会遇到哪些困难？

第三节　中国国际航线

本节主要从亚洲、欧洲、美洲、中东航线中选择具有代表性的航线进行重点介绍，通过本节的学习，使读者知道每条航线沿途飞越的国家，经过的河流和山脉，掌握每条航线飞行时间、距离等相关数据，了解各国的机场概况和所到国家的名胜古迹。

一、亚洲航线

（一）日本

1. 北京—日本 (PEK—TYO)

飞机从北京出发，经过韩国，跨过渤海、黄海、日本海，最后到达日本东京。

北京首都国际机场—东京成田国际机场 (PEK—NRT)　　城距：75km

中国国际航空股份有限公司　　航班号：CA925

日本全日空航空公司　　航班号：NH906

时差：东京与标准时间 +1
　　　与北京时间 +1

飞行时间：3h30min。

飞行距离：2 547/2 385km。

飞行高度：10 000/11 000m。

飞越国家：中国、韩国、日本。

飞越河流：汉江。

飞越海域：渤海、黄海、日本海。

飞越山脉：富士山。

2. 机场简介

东京成田国际机场原名新东京国际机场，位于东京东部，距离东京市中心60km，乘坐公共交通需要40～50min，是东京的国际门户，2004年起，为了和东京国际机场（羽田机场）区别而更名为成田机场，如图4-4所示。尽管成田机场的客源主要来自东京市，但它与东京市中心相距遥远，即使乘坐最快的火车从机场到市中心也要花上一个小时。如今，成田国际机场主要用作国际航线；东京国际机场（羽田机场）距离东京市中心比较近，主要负责国内航线和少量的国际航线。

图4-4　成田机场

20世纪80年代成田机场建成以后，一直受"菜农事件"困扰，只有一条跑道，是世界上最繁忙的单跑道机场之一。第二条跑道是2002年建成的，机场容量有所增加，但第二条跑道的长度只有2 000多米，不能起降波音747级别的飞机，继续限制着机场的发展。2011年，成田机场旅客吞吐量28 055 772人，世界排名第51名，亚洲排名第18名，前17名依次是北京首都机场、东京羽田机场（HND）、香港机场、迪拜机场、印尼雅加达机场、泰国曼谷机场、新加坡樟宜机场、广州白云机场、上海浦东机场、马来西亚吉隆坡机场、韩国首尔仁川机场、印度新德里机场、上海虹桥机场、印度孟买机场、菲律宾马尼拉机场、成都双流国际机场、深圳宝安机场。成田机场占地面积 10.6km^2，拥有两个航站楼。

3．城市介绍

中文名称：东京。

英文名称：Tokyo。

方言：日本语关东方言。

气候条件：亚热带海洋性季风气候。

所属地区：日本本州岛关东平原南端。

地理位置：东经 140°50′，北纬 35°44′。

面积：2 188km^2。

人口：1 300 多万 (2016 年)。

机场：东京成田国际机场。

著名景点：银座、东京铁塔、东京迪斯尼乐园、东京天空树。

东京(Tokyo)位于日本本州岛东部，是日本的首都，东京仅次于纽约、伦敦，和巴黎并列，并称"世界四大城市"。东京是亚洲乃至世界上最大的都市，为全球最大的经济中心之一，是一座国际化大都市，是世界上拥有最多财富 500 强公司总部的地区。东京有全球最复杂、运输流量最密集、最高的铁道运输系统和通畅车站群，为世界经济富裕及商业活动发达的城市。

东京在明治维新后即成为日本首都所在地，同时也是日本文化、经济、教育、商业、时尚与交通等领域的枢纽中心。东京不仅是当代亚洲流行文化的传播中心，也是世界流行时尚与设计产业重镇。

4．景点介绍

1) 富士山

富士山在日语中的意思是"火山"，它海拔 3 776m，面积为 90.76km^2，屹立于本州中南部，跨静冈、山梨两县，东距东京 80km，如图 4-5 所示。这座被日本人奉为"圣岳"的山峰自 781 年有文字记载以来，共喷发了 18 次，最后一次喷发是在 1707 年，此后休眠至今。山顶上的两个火山口形成了两个美丽的火山湖，山麓处还有火山喷发后留下的千姿百态的山洞，有些仍在不断喷气。富岳风穴内的洞壁上则结满了钟乳石似的冰柱，被称为"万年雪"。

图 4-5　富士山

2) 银座

银座 (Ginza) 是日本东京中央区的一个主要商业区，以高级购物商店闻名，是东京的一个代表性地区，同时也是日本具有代表性的最大最繁华的街。象征日本自然、历史、现代的三大景点（富士山、京都、银座）之一的银座，与巴黎的香榭丽舍大街、纽约的第五大道齐名，是世界三大繁华中心之一。银座有全国著名的大百货商店、特种工艺品的小商店，以及一些高级小吃店，也是文化娱乐中心。银座两侧人行道宽阔，周日又禁机动车通行，故有"步行者的天堂"之称，如图 4-6 所示。

图 4-6　银座

（二）韩国

飞机从北京出发，跨过渤海、黄海、日本海，最后到达韩国。

1. 北京—首尔 (PEK—SEL)

北京首都国际机场—首尔仁川国际机场 (PEK—SEL)　　城距：52km

中国国际航空股份有限公司　　航班号：CA123

韩国大韩航空公司　　航班号：KE2852

时差：首尔与标准时间 +9

　　　与北京时间 +1

飞行时间：1h25min。

飞行距离：1 085km。

飞行高度：10 000/11 000m。

飞越国家：中国、韩国。

飞越河流：海河。

飞越海峡：渤海、黄海。

2. 机场简介

韩国仁川国际机场是国际客运及货运的航空枢纽，是亚洲第六位最繁忙的国际机场。根据瑞士日内瓦国际机场协会 (ACI)2006 年和 2007 年的调查，仁川国际机场连续两年获得"全球服务最佳机场"第一名。仁川国际机场坐落在韩国著名的海滨度假城市仁川西部的永宗岛上，距离首尔市 52km，离仁川海岸 15km，周围无噪声源影响，自然条件优越，绿化率 30% 以上，环境优美舒适，加上其整体设计、规划和工程都本着环保的宗旨，亦被誉为"绿色机场"，如图 4-7 所示。

图 4-7　韩国仁川国际机场

2012 年 5 月 24 日，ACI 在其主页中公布"2011 全球最佳机场"，韩国仁川国际机场荣登第一名，新加坡樟宜国际机场、北京首都机场依次获得第二名、第三名。

当初在建造客运大楼时，运用了当时韩国最新的技术，希望能创造一个让航空公司及机场员工工作更有效率、旅客更感到"温暖、舒适"的大楼,特别希望长途飞行后的旅客能舒缓身心。

3．城市介绍

中文名称：首尔。

英文名称：Seoul Special City。

方言：韩语首尔话(标准韩国语)。

气候条件：温带季风气候。

所属地区：韩国，东北亚。

地理位置：北纬37°33′，东经126°58′。

面积：605.77km^2。

人口：1 058万。

机场：仁川国际机场、金浦国际机场。

著名景点：景福宫、昌德宫、乐天世界、明洞、东大门。

首尔是韩国最大的城市，国际化大都市，正式名称为首尔特别市，前称为汉城。首尔位于韩国西北部的汉江流域，朝鲜半岛的中部，是韩国的首都和政治、经济、科技、文化中心，仅行政区内人口即达1 000多万。首尔都市圈(包括仁川广域市和京畿道大部分地区)人口2 300万，是全球名列前茅的大都市圈，目前近一半的韩国人口居住在首尔都市圈。

首尔是世界第十大金融中心，世界影响力在亚洲仅次于日本东京和中国香港，同时，首尔也是世界设计之都和一个高度数字化的城市。

4．景点介绍

1) 崇礼门

崇礼门是韩国首都首尔市中心的一座城门，位于首尔市中区，1962年12月20日被定为韩国第1号国宝。今日的崇礼门常被称为南大门，邻近平民化的南大门市场，为首尔乃至韩国的一个主要地标。

崇礼门亦是目前首尔留存历史最悠久的木结构建筑物。首度落成于1398年李氏朝鲜时代，1448年进行大型改建。1908年，日本侵占时期的殖民地政府把城墙拆除以改善交通，只余下城门。韩鲜战争期间，南大门遭受战火破坏，1962年再进行修复工程。

2) 汉江

汉江是朝鲜半岛的一条主要河流，也是朝鲜半岛上第四长的河流，仅次于鸭绿江、图们江与洛东江。汉江是由起源于大德山(又名太白山)的南汉江和起源于朝鲜金刚山的北汉江(金刚江)所组成的。南汉江和北汉江这两条主要河流在京畿道汇合，此时它被称为汉江，然后汉江流经首尔，最后注入黄海（韩国人称为西海）江华湾。汉江河口拥有广泛的海滩，在那里可以看见沿海的朝韩非军事区——划分朝韩的界线。

汉江及其周围地区在韩国的历史上具有重要的地位。朝鲜三国时，各国都努力想要控制这片土地，因为这里的河流被当作前往中国的贸易路线（经由黄海）。然而，目前汉江已不再用于导航用途，因为它的河口位于朝韩边境，所以禁止任何平民进入。

（三）印度

1. 北京—新德里 (PEK—DEL)

飞机从北京出发，经过重庆、昆明、孟加拉国，飞越河流有汾河、黄河、渭河、长江、恒河、孟加拉湾海峡，跨过山脉有太行山、吕梁山、秦岭、华山、喜马拉雅山，最后到达印度新德里。

北京首都国际机场—新德里英迪拉·甘地国际机场 (PEK—DEL)

中国国际航空股份有限公司　　　　　　航班号：CA947

印度航空公司　　　　　　　　　　　　航班号：AI349

时差：2h30min

飞行时间：6h5min。

飞行距离：5 188km。

飞行高度：9 600m。

飞越国家：中国、孟加拉国、印度。

飞越河流：汾河、黄河、渭河、长江、恒河。

飞越海湾：孟加拉湾。

飞越山脉：太行山、吕梁山、秦岭、华山。

2. 机场简介

英迪拉·甘地国际机场 (Indira Gandhi International Airport) 位于印度德里，但主要服务首都新德里。英迪拉·甘地国际机场是该国主要的航空港，也是南亚第二繁忙的空港。机场曾由印度空军和巴勒姆机场管理，直至其被移交给印度机场管理局。2007年，英迪拉·甘地国际机场运输2 300万人次。2008年9月，机场更新了主跑道，长度达到4 430m。

3. 城市介绍

中文名称：新德里。

英文名称：New Delhi。

方言：英语和印地语。

气候条件：热带季风气候。

所属地区：印度，亚洲。

地理位置：东经77°，北纬28°。

面积：1 482km²。

人口：2 500万人(2019年)。

机场：甘地国际机场。

著名景点：姆拉斯广场、印度门、泰姬陵。

新德里是印度共和国的首都，是印度全国政治、经济和文化中心，在印度有着举足轻重的地位，也是印度北方最大的商业中心之一，主要产业为IT、电信、餐饮住宿服务、金融、媒体和旅游业，位于东经77°，北纬28°。恒河支流亚穆纳河从新德里城东缓缓流过，河对岸是广阔的恒河平原。其主要语言为英语、印地语、乌尔都语和旁遮普语。作为德里的中央直辖区，它还统辖着饱经沧桑的老德里。新德里是一座既古老又年轻的城市，这里原是一片荒凉的坡地，1911年开始动工兴建城市，1929年年初具规模，1931年起成为首府，1947年印度独立后成为首都。

4．景点介绍

印度泰姬陵全称为"泰姬•玛哈尔陵"，又译泰姬玛哈，是印度知名度最高的古迹之一，在距新德里200多公里外的北方邦的阿格拉(Agra)城内，亚穆纳河右侧，被誉为"完美建筑"。它由殿堂、钟楼、尖塔、水池等构成，全部为纯白色大理石建筑，用玻璃、玛瑙镶嵌，绚丽夺目、美丽无比，有极高的艺术价值，是伊斯兰教建筑中的代表作。2007年7月7日，印度泰姬陵列为世界八大奇迹之一，如图4-8所示。

图4-8　印度泰姬陵

泰姬陵是莫卧儿王朝皇帝沙贾汗为爱妃泰姬·玛哈尔所造的陵墓。玛哈尔嫁给沙贾汗的 20 多年里，两人形影不离，当 1622 年她 38 岁死去时，皇帝悲痛欲绝。她的最后愿望就是长眠在一座美丽的陵墓中，于是沙贾汗亲自设计，动用了几万人工，耗费巨资，花了 22 年时间建成泰姬陵。沙贾汗本想在河对岸为自己建造一座一模一样的黑色陵墓，并在两者之间建一座黑白相间的桥，但他的儿子发动政变夺取了王位，并把他囚禁在阿格拉堡。沙贾汗的余生就在阿格拉堡中度过，透过一扇小窗日夜遥望着泰姬陵。

（四）新加坡

1. 北京—新加坡 (PEK—SIN)

飞机从北京出发，经过河北、河南、湖北、湖南、广东、西沙群岛，飞越的河流有黄河、淮河、长江、珠江，飞越的湖泊有洪湖、南海海峡，跨越的山脉有罗霄山脉、南岭、白云山，最后到达新加坡。

北京首都国际机场—新加坡樟宜国际机场 (PEK—SIN)　城距：15km

中国国际航空股份有限公司　　　　　　航班号：CA969

新加坡航空公司　　　　　　　　　　　航班号：SQ805

时差：新加坡与标准时间 +8

　　　与北京时间　0

飞行距离：4 855km。

飞行时间：6h10min。

飞行高度：9 000m。

飞越国家：中国、新加坡。

飞越省份：河北、河南、湖北、湖南、广东。

飞越河流：黄河、淮河、长江、珠江。

飞越湖泊：洪湖。

飞越海域：南海。

飞越山脉：罗霄山脉、南岭、白云山。

2. 机场介绍

新加坡樟宜国际机场（英语：Singapore Changi Airport；马来语：Lapangan Terbang Changi Singapura；三字代码：SIN) 是一座位于新加坡樟宜的国际机场，占地 13km^2，距离市区 17.2km。樟宜国际机场是新加坡主要的民用机场，也是亚洲重要的航空枢纽，如图 4-9 所示。自建立以来，樟宜机场以高素质的服务和安全著称，先后荣获了 300 多个奖项。

图 4-9 樟宜国际机场全景

新加坡樟宜机场由新加坡民航局营运，是新加坡航空、新加坡航空货运、捷达航空货运、欣丰虎航空、胜安航空、捷星亚洲航空和惠旅航空的主要运营基地。此外，它亦是印度尼西亚鹰航空公司的枢纽和澳洲航空的第二枢纽，其中后者利用新加坡作为中途站来运营欧—澳两地的袋鼠航线，是樟宜机场最繁忙的外国航空公司，2017 年旅客吞吐量过 6 200 万人次。

自 1981 年启用以来，樟宜国际机场以其优质的服务享誉航空界，在 1987 年至 2007 年间共赢取超过 280 个奖项，其中在 2007 年赢得 19 个最佳机场奖项。樟宜国际机场定期维护其客运大楼，以提供更好的服务。

3．城市介绍

中文名称：新加坡。

英文名称：Republic of Singapore。

方言：英语、华语、马来语、泰米尔语。

气候条件：热带雨林气候。

地理位置：北纬 1°18′，东经 103°51′。

面积：714.3km^2。

人口：564 万人 (2018 年)。

机场：新加坡樟宜国际机场、实里达机场。

著名景点：鱼尾狮公园、新加坡植物园、圣淘沙。

新加坡是东南亚的一个岛国，该国位于马来半岛南端，其南面有新加坡海峡与印尼相望，北面有柔佛海峡与马来西亚紧邻。新加坡是全球最富裕的国家之一，属于新兴的发达国家,其经济模式被称作"国家资本主义",并以稳定的政局、廉洁高效的政府而著称。

新加坡是亚洲重要的金融、服务和航运中心之一。根据调查,新加坡是继纽约、伦敦和中国香港之后的第四大国际金融中心。工业是新加坡经济发展的主导力量,快速发展至今,新加坡已成为全球第三大炼油国,以及世界电子工业中心之一。新加坡在城市保洁方面成绩斐然,故有"花园城市"之美称。

4. 景点介绍

1) 鱼尾狮公园 (Merlion Park)

鱼尾狮公园里的鱼尾狮是新加坡的标志,它坐落于浮尔顿一号隔邻的填海地带,是新加坡面积最小的公园。1972年,当地的艺术家巧妙地将狮子头和鱼的身体结合起来,设计出鱼尾狮的形象,如图4-10所示。

图4-10　鱼尾狮公园

2) 新加坡植物园 (Singapore Botanic Gardens)

新加坡植物园坐落于新加坡克伦尼路,占地 74hm^2,如图4-11所示。植物园南部为荷兰路和内皮尔路,东部为克伦尼路,西部为泰瑟尔大道和克伦尼公园路,北部为武吉知马路。新加坡植物园最南端距离最北端约 2.5km。

新加坡植物园拥有 20 000 多种亚热带、热带奇异花卉和珍贵树木,可分为热带、亚热带常绿乔木、棕榈、竹类园艺花卉、水生植物、沼生植物、寄生植物和沙漠植物等植物。植物园的国家兰花园,大约有3万平方米,有专门种植胡姬花的花圃和研究所,种植6万多株名贵兰花,其中驰名的新加坡国花——卓锦·万代兰——以发现这种新品种女士的名字命名,和以新加坡第400万名观光客——来自澳洲的珍丹尼命名的淡紫兰花。

图 4-11　新加坡植物园

练习题

1．日本、印度与中国的时差分别是多少？
2．成田国际机场是哪个国家的机场？距离市区有多少公里？
3．请详细介绍日本富士山的特征。
4．BEK—SEL 是哪条航线？航班号、飞行距离及飞行时间是多少？
5．请简单介绍韩国汉江。
6．北京飞往新加坡的航线途经哪些河流、湖泊、海峡？
7．英迪拉·甘地国际机场是哪个国家的机场？
8．北京—新德里航线是中国飞往哪个国家的航班？沿途飞越哪些山脉？
9．请简单叙述印度泰姬陵背后美丽的故事。
10．新加坡城市旅游景点有哪些？
11．请简单介绍新加坡鱼尾狮公园。
12．哪个城市的国际机场被誉为"绿色机场"？

二、欧洲航线

（一）英国

飞机从北京出发，经过蒙古、俄罗斯、芬兰、瑞典、丹麦，最后到达英国伦敦。

1．北京—伦敦 (PEK — LON)

北京首都国际机场—伦敦希思罗国际机场 (PEK—LHR)　　城距：22km
中国国际航空股份有限公司　　航班号：CA937
英国维珍航空公司　　航班号：BA038

时差：伦敦与标准时间：0

与北京时间：-8

飞行时间：10h45min。

飞行距离：8 525/8 532km。

飞行高度：9 000/10 000m。

飞越国家：中国、蒙古、俄罗斯、芬兰、瑞典、丹麦、英国。

飞越河流：色楞格河、鄂毕河、北德维纳河、莫斯科河、泰晤士河。

飞越海域：波罗的海、北海。

飞越山脉：燕山山脉、西萨彦岭山脉、乌拉尔山脉。

2．机场简介

伦敦希思罗国际机场由英国机场管理公司(BAA)负责营运，为英国航空和维珍航空的枢纽机场以及英伦航空的主要机场，是伦敦最主要的外联机场，也是全英国乃至全世界最繁忙的机场之一，在全球众多机场中排行第三，仅次于亚特兰大哈兹菲尔德·杰克逊国际机场和北京首都国际机场。机场有众多的跨境航班，因此以跨境的客流量计算，伦敦希思罗国际机场的客流量是最高的，2017年旅客吞吐量为7 999万人次，如图4-12所示。

图4-12 伦敦希思罗国际机场

3．城市简介

中文名称：伦敦。

英文名称：London。

地理位置：英格兰东南部。

面积：约1 577.3km^2。

人口：约712.57万。

方言：英语。

气候条件：温带海洋性气候。

机场：希思罗国际机场、盖茨维克机场。

名校：牛津大学。

著名景点：白金汉宫、威斯敏斯特教堂、大英博物馆、格林尼治天文台、伦敦塔桥、伦敦金融中心。

伦敦是英国的首都、欧洲第一大城市及第一大港，为欧洲最大的都会区和四大世界级城市之一，全球领先的城市，与美国纽约并列，高于法国巴黎和日本东京。伦敦与纽约并列为全球最大的金融中心，是世界上最重要的、欧洲最大的经济中心。自1801年起，伦敦因其在政治、经济、人文、娱乐、科技发明等领域上的卓越成就，成为全世界最大的都市。伦敦是英国政治中心，也是国际组织总部所在地。伦敦是多元化的大都市，居民来自世界各地，有多元化的种族、宗教和文化，城市使用的语言超过300种。伦敦是世界闻名的旅游胜地，有数量众多的名胜景点与博物馆等。

4．城市景点介绍

1) 大本钟 (BIG BEN)

大本钟是英国伦敦著名的古钟，即威斯敏斯特宫报时钟，英国国会会议厅附属的钟楼，建于1859年，安装在西敏寺桥北议会大厦东侧高95m的钟楼上，钟楼四面的圆形钟盘，直径为6.7m，每15min响一次，是伦敦的传统地标。2012年6月，英国宣布把伦敦著名地标"大本钟"的钟楼改名为"伊丽莎白塔"(Elizabeth Tower)，以庆祝伊丽莎白二世女王登基60周年。自从兴建地铁Jubilee线之后，大本钟受到影响，有测量显示大本钟朝西北方向倾斜约半米，如图4-13所示。

图4-13　大本钟 (BIG BEN)

2) 伦敦塔桥 (Tower Bridge)

伦敦塔桥是一座吊桥，最初为一木桥，后改为石桥，现在是一座拥有六条车道的水泥结构桥，如图 4-14 所示。河中的两座桥基高 7.6m，相距 76m，桥基上建有两座高耸的方形主塔，为花岗岩和钢铁结构的方形五层塔，高 43.455m，两座主塔上建有白色大理石屋顶和五个小尖塔，远看仿佛两顶王冠。两塔之间的跨度为 60 多米，塔基和两岸用钢缆吊桥相连。桥身分为上、下两层，上层 (桥面高于高潮水位约 42m) 为宽阔的悬空人行道，两侧装有玻璃窗，行人从桥上通过，可以饱览泰晤士河两岸的美丽风光；下层可供车辆通行。两块活动桥面，各自重达 1000t，当泰晤士河上有万吨船只通过时，主塔内机器启动，桥身慢慢分开，向上折起，船只过后，桥身慢慢落下，恢复车辆通行。从远处观望塔桥，双塔高耸，极为壮丽。桥塔内设楼梯上下，内设博物馆、展览厅、商店、酒吧等。登塔远眺，可尽情欣赏泰晤士河上下游十里风光。假如遇上薄雾锁桥，景观更为一绝，雾锁塔桥是伦敦胜景之一。从桥上或河畔，可以望见停在不远处河上的英国军舰"贝尔法斯特"号，这是第二次世界大战以来英国保留得最完整的军舰。

图 4-14　伦敦塔桥

（二）德国

飞机从北京出发，经过蒙古，跨过鄂毕河，经过北德维纳河，经过莫斯科、白俄罗斯，最后到达德国。

1. 北京—法兰克福 (PEK—FRA)

北京首都国际机场—法兰克福国际机场 (PEK—FRA)　　城距：12km

中国国际航空股份有限公司　　航班号：CA931/2

德国汉莎航空公司　　航班号：LH721

时差：法兰克福与标准时间：+1(冬)+2(夏)

　　　　与北京时间：-7(冬)-6(夏)

飞行时间：10h10min。

飞行距离：8 260km。

飞行高度：9 000～10 000m。

飞越国家：中国、蒙古、俄罗斯、白俄罗斯、波兰、捷克、德国。

飞越河流：长江、黄河、色楞格河、鄂毕河、北德维纳河、莫斯科河。

飞越海域：波罗的海、北海。

飞越山脉：燕山山脉、西萨彦领山脉、乌拉尔山脉。

2．机场简介

法兰克福国际机场位于德国美因河畔法兰克福。它是德国最大的机场和欧洲第二或第三大机场，是全球各国际航班重要的集聚中心，如图4-15所示。直到2005年年底，机场的南部一直都是自1947年以来美国重要的空运基地——莱茵－美军空军基地。

图4-15　法兰克福国际机场

3．城市介绍

中文名称：法兰克福。

外文名称：Frankfurt am Main。

所属地区：德国。

面积：248.31km^2。

人口：67万。

方言：德语。

气候条件：温带海洋性气候。

机场：法兰克福机场。

名校：法兰克福大学。

著名景点：法兰克福大教堂、歌德的故居、罗马贝格广场、老歌剧院。

法兰克福是德国重要工商业、金融和交通中心，位于莱茵河中部的支流美因河的下游。

它也是德国最大航空站、铁路枢纽。金融业也是法兰克福的支柱产业,法兰克福有324家银行,欧洲中央银行和德国联邦银行都坐落在法兰克福;法兰克福的证券交易所是世界上最大的证券交易所之一,经营德国85%的股票交易。根据欧洲城市观察(European City Monitor)机构的报告,法兰克福仅次于伦敦与巴黎,常年在欧洲最重要城市的排名中位居第三。

4．景点介绍

1) 法兰克福大教堂

法兰克福大教堂是一座哥特式建筑。由罗马广场东侧穿过半木造的市民住宅,可以看到法兰克福大教堂。它是13—15世纪的哥特式建物,是德国皇帝加冕的教堂,又称为"皇帝大教堂"(Kaiserdom),如图4-16所示。从14世纪迄今,该教堂已有600年的历史,虽几经战火,仍能幸免于难。在1562年到1792年间,罗马帝国的加冕典礼即在此举行,在教堂的宝库内陈列有大主教们在加冕典礼时所穿的华丽衣袍。

图4-16　法兰克福大教堂

2) 柏林墙

柏林墙是前德意志民主共和国围绕西柏林建造的界墙,始建于1961年8月13日,如图4-17所示。柏林墙最壮观的地段有两处,最严密的一处在波茨坦广场,这里有两道墙,两墙之间有一大片开阔地,地上重重叠叠地摆着防坦克用的白色三角铁架;另一处是勃兰登堡门一带,整个门在东柏林界内,往西走几步就是柏林墙外墙,墙外北面是原德意志帝国的国会大厦。1989年年底柏林墙被推倒。1990年10月3日两德重新统一后,联邦政府几经周折,终于在1993年春取得市民们的谅解,决定重建一堵象征性的柏林墙。新柏林墙长只有70m,但完好地体现了原貌,岗亭、"死亡地带"、铁丝网等一应俱全,并定于当年8月13日开放,供游人参观。

图 4-17　柏林墙

（三）意大利

飞机从北京出发，经过乌兰巴托，跨过鄂毕河，经过莫斯科、波兰华沙，最后到达意大利。

1. 北京—罗马 (PEK—ROM)

北京首都国际机场—罗马菲乌米奇诺国际机场 (PEK—FCO)　城距：26km

中国国际航空股份有限公司　　　　　　　航班号：CA939

意大利航空公司　　　　　　　　　　　　航班号：AZ791

时差：罗马与标准时间：+1(冬)　+2(夏)

　　　　　与北京时间：-7(冬)　-6(夏)

飞行时间：10h25min。

飞行距离：8 550km。

飞行高度：9 000/10 000m。

飞越国家：中国、蒙古、俄罗斯、白俄罗斯、波兰、捷克、奥地利、意大利。

飞越河流：色楞格河、鄂毕河、北德维纳河、莫斯科河。

飞越山脉：燕山山脉、西萨彦岭山脉、乌拉尔山脉。

2. 机场简介

罗马菲乌米奇诺机场（列奥纳多·达·芬奇）是一座位于意大利拉齐奥大区菲乌米奇诺的民用机场，1961年首航后即成为罗马的首要机场，如图4-18所示。

图 4-18　罗马菲乌米奇诺机场

罗马菲乌米奇诺机场民用航空部分分为四个航站楼，标识号码分别为 T1、T2、T3 和 T5。

(1) T1 航站楼：主要停靠意航 (ALITALIA) 或与意航代码共享的航线飞机（经营意国内及申根国家航线）。中国公民经常乘坐的荷兰航空公司 (K.L.M) 飞机在该航站楼停靠。

(2) T2 航站楼：主要停靠除意航和与意航代码共享以外的航空公司飞机，飞意大利国内及小部分申根国家航线。

(3) T3 航站楼：主要停靠国际航线飞机（包括申根国家、非申根国家），但也包括部分意大利国内航线（如西西里岛和撒丁岛）。中国公民经常乘坐的德国汉莎航空公司飞机在该航站楼停靠。往返于我国北京的航班国航 CA939/CA940 在 T3 航站楼停靠，一般为 G12 登机口，具体信息请以当日通告为准。

(4) T5 航站楼：停靠部分飞往美国和以色列的飞机，以及专机等。

3．城市介绍

中文名称：罗马。

外文名称：Roma。

方言：意大利语。

气候条件：地中海气候。

所属地区：意大利拉齐奥。

地理位置：意大利半岛中西部。

面积：1 285.306 km^2。

机场：列奥纳多·达·芬奇国际机场。

著名景点：罗马斗兽场，万神庙，罗马国立博物馆。

罗马（意大利语：Roma）为意大利首都，也是国家政治、经济、文化和交通中心，世界著名的历史文化名城，古罗马帝国的发祥地，因建城历史悠久而被昵称为"永恒之城"，位于意大利半岛中西部，台伯河下游平原地的七座小山丘上，市中心面积有1 200多平方公里。罗马是全世界天主教会的中心，有700多座教堂与修道院，七所天主教大学，市内的梵蒂冈是天主教教宗和教廷的驻地。罗马与佛罗伦萨同为意大利文艺复兴中心，现今仍保存有相当丰富的文艺复兴与巴洛克风貌。1980年，罗马的历史城区被列为世界文化遗产。

4．景点介绍

1）万神殿

公元前27年兴建、公元120年重建的万神殿(Pantheon)，被米开朗琪罗赞叹为"天使的设计"，如图4-19所示。Pantheon的Pan是指全部，theon是神的意思，指必须供奉罗马全部的神。在罗马市中心，有一个中央竖立着高大的尖顶方碑的喷水池，方碑基座雕有古罗马神话场景，这一喷水池所在地就是罗马万神殿的前庭。万神殿上面的MAGRIPPALFCOSTERTIVMFECIT字样，乃拉丁语，其中文含义为："吕奇乌斯的儿子、三度执政官玛尔库斯阿格里巴建造此庙。"值得注意的是，这里的TERTIVM表示"三"的意思，拉丁语本应为TERTIUM，但是古代雕刻时U很难刻，所以用V替代。万神殿是古罗马精湛建筑技术的典范，它是一个宽度与高度相等的巨大圆柱体，上面覆盖着半圆形的屋顶。拉斐尔等许多著名艺术家就葬在这里，葬在这里的还有意大利君主专制时期的统治者。万神殿对面是罗通达广场，广场中央建有美丽的喷泉。万神殿是众神所在的神殿，几个世纪以来，这里见证了历史的变迁。

图4-19　万神殿

2) 古罗马斗兽场

古罗马斗兽场 (Colosseum) 是古罗马帝国专供奴隶主、贵族和自由民众观看斗兽或奴隶角斗的地方，如图 4-20 所示。公元 72 年，罗马皇帝韦帕芗为庆祝征服耶路撒冷的胜利，令强迫沦为奴隶的 8 万犹太人和阿拉伯俘虏修建而成。还有一种说法是，罗马皇帝将俘虏来的奴隶卖给当地的罗马人，获得了巨大的收入，从而得以支持斗兽场建造的庞大支出。真正建造这座建筑的人，更多的是拥有相当技艺的建筑师和有专业知识的工人。

图 4-20　古罗马斗兽场

围墙共分四层，前三层均有柱式装饰，依次为多立克柱式、爱奥尼柱式、科林斯柱式，也就是在古代雅典看到的三种柱式。古罗马斗兽场以宏伟、独特的造型闻名于世。

古罗马斗兽场平面是长圆形的，相当于两个古罗马剧场的观众席。斗兽场长轴为 188m，短轴为 156m，中央的"表演区"长轴为 86m，短轴为 54m。观众席大约有 60 排座位，逐排升起，分为五区。

练习题

1．北京—伦敦航线途经哪些国家？
2．希思罗国际机场是哪个国家机场的名称？它距离市区多少公里？
3．德国法兰克福有哪些著名景点？请说出 2～3 个。
4．请写出北京至法兰克福航线地标。
5．请简单介绍法兰克福机场。
6．为什么要建造柏林墙？它的历史意义是什么？
7．请写出北京与罗马、北京与伦敦的时差。

8．北京至罗马航线飞行时间、飞行距离及飞行高度是多少？

9．请简单介绍古罗马斗兽场的由来。

三、美洲航线——美国

飞机从北京出发，经过内蒙古、俄罗斯，跨过阿纳德尔河、白令海峡，经过美国阿拉斯加山脉，最后到达旧金山。

（一）北京—旧金山（PEK—SFO）

北京首都国际机场—美国旧金山国际机场（PEK—SFO）　城距：10km

中国国际航空股份有限公司　　　　　　　　　航班号：CA985

美联合航空公司　　　　　　　　　　　　　　航班号：UA888

时差：旧金山与标准时间：-8(冬) -7(夏)

　　　　　与北京时间：-16(冬)-15(夏)

飞行时间：14h。

飞行距离：12 228km。

飞行高度：11 000m。

飞越国家：中国、俄罗斯、美国。

飞越省份：(中国境内)河北、内蒙古、黑龙江。

飞越河流：西辽河、松花江、黑龙江、阿纳德尔河、白令海峡。

飞越山脉：燕山山脉、阿拉斯加山脉。

（二）机场简介

旧金山国际机场（San Francisco International Airport）位于旧金山市南方大约13mile（21km），毗邻圣马刁县的密尔布瑞和圣布鲁诺，是美国加州的一座大型商用机场，拥有可直飞美洲、欧洲、亚洲和澳洲各个大城市的航班。旧金山国际机场是旧金山湾区和北加州最大的机场，也是联合航空和维珍美国航空的主要枢纽及阿拉斯加航空的重点机场之一，如图4-21所示。

旧金山国际机场交通便利，旅客可由101号美国国道的旧金山国际机场专用通勤铁路直接进入机场。在机场北方的380号州际公路上，机场进一步与湾区其他高速公路连接，例如280号州际公路。在公共运输上，旅客可使用在国际航线内的湾区客运站来往于东湾和旧金山市区，从半岛和南湾来的旅客可搭乘加州通勤铁路到密尔布瑞站改乘湾区客运车到机场。

图 4-21　旧金山国际机场

（三）城市简介

中文名称：旧金山。

英文名称：San Francisco。

气候条件：地中海气候。

所属地区：美国加利福尼亚州。

著名景点：金门大桥、金门公园、九曲花街。

名校：旧金山大学。

机场：旧金山国际机场。

旧金山又称"圣弗朗西斯科""三藩市"，是美国加利福尼亚州太平洋岸海港、工商业大城市，位于太平洋与圣弗朗西斯科湾之间的半岛北端，市区面积 116km^2。西班牙人建立于 1776 年，1821 年归属墨西哥，1848 年归属美国，19 世纪中叶在采金热中迅速发展，华侨称为"金山"，后为区别于澳大利亚的墨尔本，改称"旧金山"。

（四）景点介绍

1. 金门大桥

金门大桥 (Golden Gate Bridge) 建于 1937 年，耗资 3 550 万美元，是世界上最大的单孔吊桥之一，全长达 2 780m，从海面到桥中心部的高度约为 67.84m，桥两端有两座高达 227m 的塔，如图 4-22 所示。金门大桥橘黄色的桥梁两端矗立着钢柱，用粗钢索相连，钢索中点下垂，几乎接近桥身，钢索和桥身用一根根细钢绳连接起来，整座金门桥显得朴实无华而又雄伟壮观。金门大桥是世界著名大桥之一，被誉为近代桥梁工程的一项奇迹。为了纪念设计者施特劳斯工程师，人们把他的铜像安放在桥畔，用以纪念他对美国做出的贡献。金门大桥落成当天，有 20 万人兴高采烈地走过大桥来庆祝这个日子。

今天金门大桥是世界上最繁忙的桥梁之一，每天约有 10 万辆汽车从桥上驶过。大桥雄峙于美国加利福尼亚州宽 1 900 多米的金门海峡之上。金门海峡为旧金山海湾入口处，两岸陡峻，航道水深，为 1579 年英国探险家弗朗西斯·德雷克发现，并由他命名。

图 4-22　金门大桥

2. 渔人码头 (Fisherman's Wharf)

渔人码头曾是意大利渔夫的停泊码头，如今已是旧金山最热门的去处，终年热闹非凡，如图 4-23 所示。杰弗逊街和泰勒街交会处的巨蟹标记是渔人码头的象征，各国观光客来到旧金山都要来这里享受一顿新鲜美味的海鲜宴，码头附近还有海洋公园博物馆等。

图 4-23　渔人码头

渔人码头的标志是一个画有大螃蟹的圆形广告牌,找到了"大螃蟹",就到了渔人码头,也就到了旧金山品尝海鲜的首选地点。渔人码头附近沿海盛产鲜美的螃蟹、虾、鲍鱼、枪乌贼、海胆、鲑鱼、鲭鱼和鳕鱼等海产,品尝海鲜的最佳时节是每年11月到次年6月之间,这时候来到渔人码头,人们可以吃到上好的丹金尼斯大海蟹(Dungeness Crab)。海鲜烹饪的方法很简单,红烧、椒盐这些会损害海鲜原味的做法都被白灼取代,没有了调味料的掩盖,海鲜的新鲜程度、肥嫩程度以及烹饪时的火候被体现得淋漓尽致,鲜美的程度难以言表。

练习题

1．PEK—SFO 航班号是多少？与北京的时差是多少？

2．北京—旧金山航线飞越的国家、河流及山脉有哪些？

3．简单介绍美国唐人街的特点。

4．金门大桥全长是多少？金门大桥是哪位著名设计师设计的？

四、中东航线——阿拉伯联合酋长国

飞机从北京出发,经过和田、巴基斯坦,最后到达阿拉伯联合酋长国迪拜。

(一)北京—迪拜(PEK—DXB)

航班号：CA941 北京—迪拜(PEK—DXB)　　城距：4km

飞行时间：9h。

飞行距离：6 122/6 139km。

飞越国家：中国、巴基斯坦、阿拉伯联合酋长国。

飞越城市：北京、凉城、包头、酒泉、且末、和田、红旗拉埔达坂、拉瓦尔品第、拉米尔汗、沙迦、迪拜。

飞越河流：黄河、印度河。

飞越海湾：阿曼湾、波斯湾。

飞越山脉：阿尔金山山脉、昆仑山山脉。

(二)机场简介

迪拜国际机场是全球最大的机场,也是中东地区最现代化的机场,如图4-24所示。在杰贝阿里自由贸易区以东的沙漠区,正在兴建号称全球最大的迪拜世界中心国际机场,数以千计工人日夜赶工,机场首条跑道已接近竣工,未来还会再增建五条跑道。迪拜航空管理局总工程师扎芬透露,机场的基建总成本估计高达330亿美元,当局在高峰期聘请了2万~3万名工人。迪拜世界中心国际机场落成后,每年的乘客人数可达1.2亿;新机场相信亦会成为全球最大的货运中心,每年可处理1 200万吨货物。

图4-24 迪拜国际机场

（三）城市介绍

中文名称：迪拜。

外文名称：Dubai。

方言：阿拉伯语,英语。

气候条件：热带沙漠气候。

所属地区：阿拉伯联合酋长国。

地理位置：阿拉伯联合酋长国。

面积：1 287.4 km^2。

机场：迪拜国际机场。

著名景点：迪拜塔、迪拜七星级酒店、朱美拉清真寺。

迪拜是阿拉伯联合酋长国人口最多的酋长国，从面积上计算是继阿布扎比之后第二大酋长国，迪拜与其他阿联酋的酋长国的不同之处在于石油只占 GDP 的 6%。大多数的收入来自杰贝阿里自由区，现在更多的是来自旅游收入。迪拜市是阿拉伯联合酋长国最大的城市，也是中东地区的经济和金融中心。

（四）景点介绍

1. 哈利法塔

哈利法塔 (Burj Khalifa Tower) 原名迪拜塔，又称迪拜大厦或比斯迪拜塔，是韩国三星公司负责营造，位于阿拉伯联合酋长国迪拜的一栋有 162 层、总高 828m 的摩天大楼。哈利法塔 2004 年 9 月 21 日开始动工，2010 年 1 月 4 日竣工，为当前世界第一高楼与人工构造物，造价达 15 亿美元，如图 4-25 所示。

图 4-25　哈利法塔

哈利法塔由美国芝加哥公司的建筑师阿德里安·史密斯 (Adrian Smith) 设计，由美国建筑工程公司 SOM、比利时最大建筑商 Besix、阿拉伯当地最大建筑工程公司 Arabtec 和韩国三星公司联合负责实施，景观部分则由美国 SWA 进行设计。建筑设计采用了一种具有挑战性的单式结构，由连为一体的管状多塔组成，具有太空时代风格的外形，基座周围采用了富有伊斯兰建筑风格的几何图形——六瓣的沙漠之花。哈利法塔加上周边的配套项目，总投资超 70 亿美元。哈利法塔 37 层以下全是酒店、餐厅等，世界上首家 ARMANI 酒店也入驻其中，位于 1～8 层和 38～39 层，此外 45～108 层则作为公寓。第 123 层是一个观景台，站在上面可俯瞰整个迪拜市。建筑内有 1 000 套豪华公寓，周边配套项目包括龙城、迪拜 MALL 及配套的酒店、住宅、公寓、商务中心等项目。2010 年 1 月 4 日晚，迪拜酋长谢赫·穆罕默德·本·拉希德·阿勒马克图姆揭开被称为"世界第一高楼"的"迪拜塔"纪念碑上的帷幕，宣告这座著名建筑正式落成，并将其更名为"哈利法塔"。

哈利法塔仅是大厦本身的修建就耗资至少 10 亿美元，还不包括其内部大型购物中心、湖泊和稍矮的塔楼群的修筑费用。为了修建哈利法塔，共调用了大约 4 000 名工人和 100 台起重机，建成之后，它不仅是世界第一高楼，还是世界第一高建筑。

2. 阿拉伯塔酒店

阿拉伯塔酒店是世界上建筑高度最高的七星级酒店，这座看起来好像是正在行进中的帆船形象的酒店建在海滨的一个离海岸线 280m 处的人工岛 Jumeirah Beach Resort 上，是一个帆船形的塔状建筑。阿拉伯塔酒店融合了最新的建筑及工程科技，迷人的景致及造型，使它看上去仿佛和天空融为一体。饭店由英国设计师 W. S. Atkins 设计，外观如同一张鼓满了风的帆，一共有 56 层，315.9m 高，是全球最高的饭店，比法国埃菲尔铁塔还高出一截。酒店采用双层膜结构建筑形式，造型轻盈、飘逸，具有很强的膜结构特点及现代风格。它拥有 202 套复式客房，200m 高的可以俯瞰迪拜全城的餐厅，拥有八辆宝马和两辆劳斯莱斯，专供住店旅客直接往返机场，也可从旅馆 28 层专设的机场坐直升机，花 15min 空中俯瞰迪拜美景，如图 4-26 所示。客人如果想在海鲜餐厅中就餐的话，他们将被潜水艇送到餐厅，这样在就餐前可以欣赏到海底奇观。

图 4-26　阿拉伯塔酒店

2005 年 2 月 22 日，排名世界第一的瑞士网球选手费德勒和美国传奇老将阿加西在参加迪拜公开赛间隙,来到号称世界最豪华的酒店,位于迪拜海域的"阿拉伯塔"饭店顶端的一个独一无二的空中网球场进行了一场别开生面的友谊赛,据称此网球场原是直升机停机坪,距离地面 200 多米,让人心惊肉跳。

练习题

1. 北京—迪拜是中国飞往哪个国家的航班?迪拜机场的英文三字代码是什么?
2. 哈利法塔是谁负责设计的?其特点有哪些?
3. 阿拉伯塔酒店即七星级酒店顶端有哪些独一无二的设施?

第四节 知识拓展

为了扩宽、加深读者对航线知识的了解,我们增加了部分国家景点介绍作为知识拓展,分别是:泰国、法国、俄罗斯、美国、加拿大、巴基斯坦、科威特、澳大利亚。

一、亚洲景点介绍

曼谷大王宫位于泰国首都曼谷市中心,位于昭披耶河与湄南河交汇之畔,紧依湄南河,由一组布局错落的建筑群组成,是暹罗式风格,汇集了泰国绘画、雕刻和装饰艺术的精华,如图 4-27 所示。建筑以白色为主,四周筑有白色宫墙,宫墙高约 5m,总长 1 900m,主要建筑物有阿玛林宫、节基宫、律实宫和玉佛寺等。此外,由拉玛八世兴建的宝隆皮曼宫,现在是招待外国元首的宾馆。

图 4-27 曼谷大王宫

大王宫景色极为美丽,和玉佛寺同为曼谷的标志,是来泰国的必游之地。1946 年起,在大王宫东面新建集拉达宫后,拉玛九世迁至该新宫居住,大王宫便开始对外开放,成为泰国著名的游览场所。大王宫现在又是国家部分机关办公之处，枢密院、财政部、宫务处都设在大王宫内。

大王宫前有个椭圆形广场，两旁树木繁茂，周围是泰国重要的大学、政府办公室、泰国的国家博物馆、国家剧院、国家艺术馆和曼谷守护神寺。大王宫外的王家田广场，曾被作为御用广场，现今每逢春耕节和泰国新年，国王都在这里主持庆祝仪式。东宫墙的素泰萨旺尖顶宫殿很壮观，庭院内鲜花盛开，树木婆娑，宛然一座美丽的大花园。

二、欧洲景点介绍

（一）法国

1. 巴黎埃菲尔铁塔

巴黎埃菲尔铁塔 (Eiffel Tower) 建于1889年，是为当时的国际博览会而建的，建好后遭到很多非议，说是一堆烂铁破坏了巴黎的美。如今，这座曾经保持世界最高建筑纪录40多年的铁塔成为巴黎最重要的标志，如图4-28所示。

图 4-28　埃菲尔铁塔

埃菲尔铁塔以设计人法国著名的建筑工程师古斯塔夫·埃菲尔的名字命名，塔菲尔的设计非常高明，在两年多的施工过程中，从未发生过任何伤亡事故；在组装部件时，全部孔都能很准确地吻合，这在建筑史上是很了不起的。

2. 巴黎凯旋门

凯旋门 (Arc De Triomphe) 始建于法国皇帝拿破仑一世政权的鼎盛时期——1806年。凯旋门又称戴高乐广场凯旋门，这是欧洲100多座凯旋门中最大的一座，为巴黎四大代表建筑之一，是法国政府重点保护的名胜古迹，如图4-29所示。

图 4-29　凯旋门

（二）俄罗斯

1. 莫斯科红场

红场是俄罗斯首都莫斯科市中心的著名广场，原是苏联重要节日举行群众集会和阅兵的地方，建于 15 世纪末，17 世纪后半期取今名。红场平面为长方形，面积约 $4hm^2$，西侧为克里姆林宫，北面为国立历史博物馆，东侧为百货大楼，南部为瓦西里布拉仁教堂，临莫斯科河，列宁陵墓位于靠宫墙一面的中部，墓上为检阅台，两旁为观礼台，面积 9.1 万平方米，大约有天安门广场的 1/5，地面很独特，全部由条石铺成，显得古老而神圣，如图 4-30 所示。红场是莫斯科历史的见证，也是莫斯科人的骄傲。

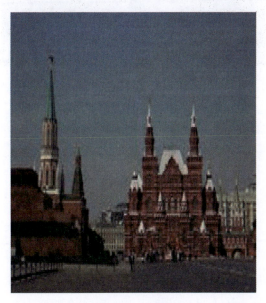

图 4-30　红场

2. 莫斯科克里姆林宫

俄罗斯的克里姆林宫这一世界闻名的建筑群，享有"世界第八奇景"的美誉，是旅游者游览莫斯科的必到之处。12世纪上半叶，多尔戈鲁基大公在波罗维茨低丘上修筑了一个木结构的城堡——克里姆林宫，莫斯科就是从这个城堡逐步发展起来的。克里姆林宫大致呈三角形，宫墙全长2 235m，高5～19m，厚3.5～6.5m，共四座城门和19个尖耸的楼塔。

克里姆林宫位于莫斯科市中心，濒临莫斯科河，曾为莫斯科公国和18世纪以前的沙皇皇宫。克里姆林宫由许多教堂、宫殿、花园和多层塔组成。天使长教堂里存放着彼得大帝之前各沙皇的灵柩。重达250t的沙皇大钟及大炮、伊云大帝钟楼以及钻石库等也放于宫中，令人目不暇接。克里姆林宫已经成为俄罗斯总统办公和生活的地方，如图4-31所示。

图 4-31　克里姆林宫

三、美洲景点介绍

（一）美国

1. 纽约自由女神像

美国自由女神像，又称自由照耀世界（Liberty Enlightening The World），是法国在1876年赠送给美国的独立100周年的礼物，如图4-32所示。美国的自由女神像位于美国纽约州纽约市哈德逊河口附近，是雕像所在的美国自由岛的重要观光景点。美国的自由女神像以法国巴黎卢森堡公园的自由女神像为蓝本，法国著名雕塑家巴托尔迪历时10年才完成了雕像的雕塑工作,女神的外貌设计来源于雕塑家的母亲,而女神高举火炬的右手则是以雕塑家妻子的手臂为蓝本。自由女神穿着古希腊风格的服装,所戴的头冠有象征世界七大洲及五大洋的七道尖芒。女神右手高举着象征自由的火炬,左手捧着1776年7月4日的《独立宣言》,脚下是打碎的手铐、脚镣和锁链,象征着自由、挣脱暴政的约束。1886年10月28日,自由女神像落成并揭幕。雕像锻铁的内部结构是由后来建造了巴黎埃菲尔铁塔的居斯塔夫·埃菲尔设计的。

图 4-32 自由女神像

自由女神像高46m,加基座为93m,重200多吨,是由金属铸造,置于一座混凝土制的台基上。自由女神的底座是著名的约瑟夫·普利策筹集10万美元建成的,是一个美国移民史博物馆。1984年,自由女神像被列为世界文化遗产。

2. 纽约时报广场(Times Square)

纽约时报广场原名"朗埃克广场"(Longacre Square),又称为"世界的十字路口",常误译为"时代广场",如图4-33所示。时报广场得名于《纽约时报》早期在此设立的总部大楼,是美国纽约市曼哈顿的一块街区,中心位于西42街与百老汇大道交会处,东西向分别至第六大道与第九大道,南北向分别至西39街与西52街,构成曼哈顿中城商业区的西部,无论白天还是黑夜,都可以被那些巨幅的电子广告牌招引。跻身广场,涌动的是世界不同肤色、不同国家、不同民族的人们;展示的是一个没有舞台的舞台,没有导演但比有导演还要绚丽的世界时装模特秀。这里又是百老汇剧院集聚的中心地,无数演员都以能在百老汇剧场一展演技为荣。

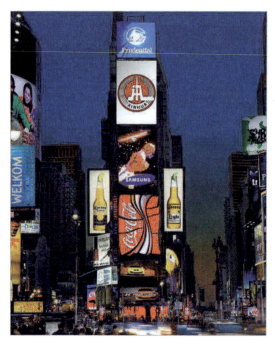

图 4-33　纽约时报广场

这里无数巨幅电子广告牌 24h 不停息，以数秒钟的速度变换着充满艺术气息的、精致的广告短片。似乎是华尔街老板们有意借这块三角地疯狂而又极富艺术地张扬他们的豪富。半圆柱形的 NASDAQ 巨幅广告，不停地变幻着黑蓝红的冷热面孔，又似乎在昭示着这个世界金融中心的股市风云莫测。广告的商业金融气息与高科技艺术手段在这里得到完美的统一，它的功能已经超出了诱人掏出钱包的本意，成为艺术精品制作大师在这里频频竞秀、一争高下、不断推陈出新的舞台。

3．洛杉矶好莱坞 (Hollywood)

好莱坞曾被誉之为"电影城"，近年来因电视盛行，在该处摄制的电影也就相对减少，不过，哥伦比亚、派拉蒙等著名电影公司仍在继续拍片，如图 4-34 所示。好莱坞有一座戏院 Grauman's Chinese Theater，几乎所有著名的影星都印下他（她）们的手印或足印。Hollywood Bowl 则因在星光下露天演奏交响曲而闻名。好莱坞不仅是全球时尚的发源地，也是全球音乐电影产业的中心地带，拥有着世界顶级的娱乐产业和奢侈品牌，引领并代表着全球时尚的最高水平，如梦工厂、迪士尼、20 世纪福克斯、哥伦比亚影业公司、索尼公司、环球影片公司、WB（华纳兄弟）等这些电影巨头，还有像 RCA JIVE Interscope Records 这样的顶级唱片公司都汇集在好莱坞的范畴之内。这里的时尚与科技互相促进发展，拥有着深厚的时尚底蕴和雄壮的科技作支持，好莱坞一直被全球各地争相模仿。

图 4-34　好莱坞

由于当地发达的娱乐工业，电影制片厂分布的范围早已不局限于好莱坞一隅，好莱坞与其周边的伯班克市等城市共同构成了美国影视工业的中心。好莱坞市内有不少数十年历史的老电影院，通常被用作电影首映式或举行奥斯卡颁奖典礼的场所，如今也成为旅游热门地点。

4．洛杉矶环球影视城

以电影式主题乐园而闻名洛杉矶的环球影视城，不但有许多宛如电影场景重现的游乐项目，与环球影视城毗邻而居的 City Walk，商店、餐厅、电影院都以色彩鲜明、造型活泼的巨型招牌吸引游客，让游客一踏进环球影视城，立即享受视觉感官的强烈刺激，如图 4-35 所示。为了扩大片厂的需要，影界巨擘 Carl Laemmle 于 1915 年将他的影厂从好莱坞迁至占地更大的现址，并设计了"环球影视城之旅"，25 年来带领许多游客参观拍片过程，直到 1964 年改用目前园中使用的电车，继续带领各地参观者前往各知名场景。游玩环球影视城，最好空出整整一天的时间，才能玩得尽兴。

图 4-35　环球影视城

（二）加拿大

加拿大广场 (Canada Place) 作为温哥华的象征而为人所熟知，是 1986 年温哥华万国博览会的加拿大馆，如图 4-36 所示。整个建筑以巨形帐幕作外墙，内有议会中心、码头、商店、酒店及一家五星级的饭店 The Pan Pacific Hotel。此外，还有一个银幕宽大的 CN IMAX 剧场，这个剧场利用超高速摄影，使播放的影片更具身临其境感。加拿大广场是专为加拿大 1986 年博览会所设计的，这栋令人赞叹不已的复合式建筑类似小型舰艇所组成的航行船，如今是国际会议场。

图 4-36　加拿大广场

大楼顶部有五组由玻璃纤维制成的白帆，是温哥华最主要的地标之一，其设计与悉尼歌剧院和丹佛国际机场的外部相似。大楼造价 365 000 000 加元，由加拿大建筑师艾伯哈德·德勒设计。

四、中东景点介绍

（一）巴基斯坦

真纳墓位于巴基斯坦第一大城市卡拉奇的东南面，是一座有高大圆顶的白色建筑，也是巴基斯坦国父——穆罕默德·阿里·真纳的陵墓，如图 4-37 所示。

穆罕默德·阿里·真纳为巴基斯坦国家的建立，贡献了自己毕生的精力，在巴基斯坦人民心目中享有崇高的威望。早在 20 世纪初，英帝国主义统治下的南亚次大陆人民开始觉醒的时候，他就投身于政界，积极组织民族独立活动。1936 年，他领导下的穆斯林联盟，在拉合尔的一次会议上提出了建立伊斯兰国家的最初设想,并把这个国家定名为"巴基斯坦",意思是"纯洁的国土"。此后,在真纳的领导下,南亚次大陆的穆斯林经过艰苦而顽强的斗争,终于在 1947 年 8 月 14 日建立了世界上第一个伊斯兰国家——巴基斯坦。

图 4-37　真纳墓

(二)科威特

科威特大塔矗立在科威特市区东端海滨,背依大海,面向科威特王宫,宫塔毗邻,相映生辉,如图 4-38 所示。科威特大塔 1973 年动工,1977 年 2 月落成,由三个大小不等的尖塔组成,1979 年 3 月 1 日正式对游客开放。主塔高度为 187m,直径为 32m,由一个球形观光处和一个大球组成。球形观光处位于塔顶,共两层,第一层供游客们观光远眺,离地面 121m,第二层是一个旋转自助餐厅,离地面高度为 123m,旋转速度为半小时一圈,可容纳 100 人就餐。大球的球顶离地面有 90m,球的上半部有三个饭店,其中圆屋顶饭店可容纳 180 人就餐,设有便餐柜台,游客可在数百种美味的食品中自由选择,这里不仅仅是自助餐厅,还是一个理想的庆典仪式举行之地。

每年的 2 月 25 日,即科威特的国庆之夜,科威特政府均要在科威特大塔前的广场上燃放礼花庆祝。这时,科威特的王公大臣都要登塔观赏,所以,科威特大塔也是科威特领导人举行政治活动的场地之一。在科威特市内还有许多阿拉伯民族风格的水塔,这些水塔设计新颖、形式多样,有的三个一组,有的六个或九个一组,它们反映了科威特人民战胜缺水困难的成绩,是现代科威特的象征之一。

图 4-38　科威特大塔

五、大洋洲景点介绍

1. 悉尼歌剧院

悉尼歌剧院 (Sydney Opera House) 整个建筑占地 $1.84hm^2$，长 183m，宽 118m，高 67m，相当于 20 层楼的高度，位于澳大利亚新南威尔士州的首府悉尼市贝尼朗岬角。这座综合性的艺术中心，在现代建筑史上被认为是巨型雕塑式的典型作品，也是澳大利亚的象征性标志，2007 年被联合国教科文组织列入世界文化遗产名录，如图 4-39 所示。

图 4-39　悉尼歌剧院

悉尼歌剧院不仅是悉尼艺术文化的殿堂，更是悉尼的灵魂。清晨、黄昏或夜晚，从远处看，悉尼歌剧院就好像一艘正要起航的帆船，带着所有人的音乐梦想，驶向蔚蓝的海洋；从近处看，它就像一个陈放着贝壳的大展台，贝壳争先恐后地向着太阳立正看齐。

悉尼歌剧院的外形犹如即将乘风出海的白色风帆，与周围景色相映成趣。每年在悉尼歌剧院举行的表演约3 000场，约200万观众前往共襄盛举，是全世界最大的表演艺术中心之一。歌剧院白色屋顶是由100多万片瑞典陶瓦铺成，并经过特殊处理，因此不怕海风的侵袭，屋顶下方就是悉尼歌剧院的两大表演场所——音乐厅(Concert Hall)和歌剧院(Opera Theater)。音乐厅是悉尼歌剧院最大的厅堂，共可容纳2 679名观众。该音乐厅最特别之处，就是位于音乐厅正前方，由澳大利亚艺术家Ronald Sharp设计建造的大管风琴(Grand Organ)，号称是全世界最大的机械木连杆风琴(Mechanical Tracker Action Organ)，由10 500个风管组成。此外，整个音乐厅是使用澳大利亚木材建筑的，忠实地呈现澳洲自有的风格。

2. 达令港

作为澳大利亚最大的城市复兴计划，达令港(Darling Harbour，又译情人港)被改造成为庆典的中心场所，从而使得今天的达令港成为悉尼市中心的一个组成部分和澳大利亚的一颗璀璨明珠，如图4-40所示。

图4-40　达令港

达令港内由港口码头、绿地流水和各种建筑群组成。其中有奥林匹克运动会展示中心、悉尼娱乐中心、悉尼水族馆、国家海事博物馆、悉尼会议中心、悉尼展览中心、动力博物馆、IMAX超大屏幕电影院、谊园和艺术市场、购物中心、游艺场、咖啡馆、酒吧、饭店等。达令港内棕榈婆娑、绿草如茵、游人如织，更有来自全世界各国的街头艺人在此献艺。有一个小插曲，这里曾是众多中国旅澳画家为游人速写卖画的重要场地，几十位颇有名气的画家一字排开为游人画像，构成了一道独特的风景线。

练习题

1. 请说出3~4个伦敦的著名景点。
2. 请简单介绍英国伦敦著名古钟"大本钟"。
3. "埃菲尔铁塔"是在什么样背景下建造的?
4. 莫斯科红场内有哪些著名景观和建筑?请分别简单介绍一下。
5. 自由女神像的设计师是哪一位?在什么样的历史背景下设计了这座雕塑?它象征着什么?
6. 洛杉矶城市属于美国哪个州?在市中心有哪两个著名景点?
7. 加拿大广场是哪个城市的象征?
8. 真纳墓位于巴基斯坦哪个城市?为什么建立此墓?
9. 科威特政府每年国庆庆典之夜在哪里燃放礼花?
10. 请说出澳大利亚2~3个著名景点。
11. 简单介绍悉尼歌剧院。

第五章
世界各国 CIQ 相关规定

【本章内容提示】

本章将主要介绍各国 CIQ 相关规定的内容。

第一节　CIQ

全球各国大型国际空港均设有海关、移民局、检疫部门，每一名国际乘客在出入境时必须接受 CIQ 严格检查。本节主要对海关、移民局、检疫三个部门及其职能和相应的通用规定进行介绍。使读者通过本节的学习掌握 CIQ 英文缩写的含义和各国 CIQ 通用规定，知道中国护照的种类和通关顺序。

一、名词解释

（一）海关——Customs

设在口岸的海关是海关派驻机构。海关依照《海关法》和有关部门法律法规对进出境物品进行监管，其是为了在方便合法进出和正常往来的同时，防止和禁止借进出境物品为名，进行非法走私活动。

（二）移民局——Immigration

设在口岸的移民局，是依据各国有关公民出入境管理办法及有关部门法规、规定实施边防检查手续的派驻机构。所有出入境人员都必须办妥边防手续后，才能获许入境或出境。很多国家的出入境手续大致相同，即旅客首先填写一张出入境卡并连同护照一起交给移民局官员即可。

（三）检疫——Quarantine

设在口岸的卫生检疫局是国家卫生管理部门的派驻机构，它依据各国的卫生检疫法及有关部门法规实施检疫工作，防止传染病的传入和传出，保护国家和人民的健康安全、环境安全、动植物物种的安全。各国对接种证书的要求和检查的规定不尽相同。

（四）签证——VISA

签证是一个国家出入境的管理机构（例如移民局或其驻外使馆、领馆），对外国公民表示批准其入境所签发的一种文件。大多数的签证，是在一个人所持的护照或旅行证件上签注（盖章）或贴上一张标签，盖章或标签带有清晰的文字说明，指明持有人进入该国的事由、允许停留的时间或通过其领土前往其他国家的许可。

（五）签注——Sign and Issue

签注适用于大陆居民持港澳通行证去港澳地区，因为属于中国领土，所以不能叫"签证"，但又不允许随意出入，所以只好叫"签注"。签注与签证不同，但基本上也是入境许可，要付费，办理手续的程序相对简单一些，但没有本质差别。

（六）边境——Border Frontier

边境是指甲国与乙国边境（国界）之间的部分禁区。由于边境禁止活动频繁，加上非法入境罪行日趋恶化，走私以及其他跨国犯罪活动，破坏他国领土完整以及触犯法律，边境的目的是提供一处缓冲地带，以便保安部队能够维持甲国与乙国的边界完整，并且促进打击非法入境及其他跨境犯罪行为，必要时政府可以将边境禁区范围扩大，可使用围墙和铁丝网等工具防止非法入境。边境禁区没有政府颁发的禁区纸（通行证）不得在其范围内活动，禁区纸（通行证）有效期为1天至2年不等，取决于进入该禁区的人士的目的。持有他国护照人士可以进入边境管制站办理出境、入境手续，但不可在边境禁区逗留。

（七）边界——Boundary

边界是国家实行其主权的界线。一个国家的边界一旦确定，该国就有权对其领土及其生活在这里的人民实行管辖，而不受任何其他国家的干涉。如我们经常说"不要干涉他国的内政"，其政治地理意义就是不要干涉他国边界范围内的事情，否则，就是侵犯他国主权。我们还经常可以看到，在边界线的两侧存在着不同的政治制度，如在朝鲜半岛，北纬38°附近的军事分界线以北，实行的是社会主义制度，而在军事分界线以南，实行的是资本主义制度。

二、各国检疫通用规定

世界各国在出入境口岸都设立有卫生检疫机构，以防止烈性传染病的传入和传出，但不同国家对健康证明和国际预防接种证书的要求不一。

(1) 各国一般都不准携带生肉和熟肉入境。

(2) 各国一般都不准携带水果、带根的花草、植物入境。

(3) 各国一般都不准携带血制品、生物制品、土壤、种子等入境。

(4) 很多国家都要求飞机在到站前在机上喷洒药物，如法国、英国、澳大利亚、印度和中国等。

三、各国移民局通用规定

各个国家的第一出入境口岸，都要求旅客填写出入境卡，并接受当地移民局官员的检查。部分国家不要求填写出入境卡，但同样要接受移民局官员的检查。

四、各国海关通用规定

各国海关通用规定如下。

(1) 各国海关都禁止携带各种武器、仿真武器、弹药及爆炸物品出入境。

(2) 各国对濒危和珍贵动物、植物以及化石、标本和种子都有严格规定。

(3) 各国都严格禁止携带各种毒品出入境。

(4) 各国都严格禁止携带鸦片、吗啡、海洛因、大麻以及其他能使人成瘾的麻醉品、精神药物出入境。携带毒品出入境在各国都被视为犯罪行为。

(5) 各国都对带有危险性的病菌、昆虫及生物、动物和其产品出入境有严格规定。

(6) 各国对有碍健康、来自疫区以及其他能传播疾病的食品、药品或其他物品出入境均有限制规定。

(7) 各国对珍贵文物的出入境均有严格规定和限制,各国海关都严厉打击走私行为。

(8) 对出入境旅客携带的礼品,如照相机、便携式收音机、小型摄影机、手提式摄录机、手提式计算机等,各国对其数量都有不同的规定。

(9) 各国一般对出入境旅客所携带的货币和有价证券数额都有限额规定,具体限额分别见各国的规定。

(10) 各国对个人携带的免税香烟、酒类、香水及化妆品都有不同的限制和规定。

(11) 各国境内都不允许出售机上免税物品。

五、护照的种类

（一）护照

护照有以下三种。

(1) 外交护照——具有外交身份的政府高级官员使用。

(2) 公务护照——国家公务员、中级官员、普通官员使用。

(3) 普通护照——供各国一般公民出入境使用。

（二）相当于中国护照功能的证件

相当于中国护照功能的证件如下。

(1) 港澳同胞回乡证——公安机关发给香港、澳门地区居民回到大陆的证件。

(2) 台湾居民往来大陆通行证——公安机关发给台湾同胞来往内地的证件。

(3) 往来港澳通行证——公安机关发给前往港澳地区的大陆人员的证件。

(4) 因公往来港澳特别行政区通行证——公安机关发给因公出差前往港澳地区人员的证件。

六、办理出入境手续的程序

(1) 出境：C 海关——I 边防——Q 检疫，指越过某一地区的边界线。

(2) 入境：Q 检疫——I 边防——C 海关，指非本国公民（或特定区域居民）持合法有效证件、签证，从一国对外开放或指定的口岸进入该国（境）领土的法律行为。

练习题

1. 乘坐国际航班，旅客为什么需要办理 QIC 手续？办理的顺序是什么？
2. 签证与签注的区别是什么？
3. 边境与边界的区别是什么？
4. 各国海关都有哪些通用规定？
5. 相当于中国护照功能的证件有哪几种？

第二节　各国 CIQ 相关规定

本节详细介绍了亚洲地区、中东地区、欧洲地区、美洲地区、澳洲地区各个国家的 CIQ 规定，通过学习本节的内容，可以帮助读者快速了解和掌握每一国家 CIQ 的相关规定，在今后个人出入境时更加快捷顺利地通关。

一、亚洲地区

（一）中国

1. 检疫规定

(1) 有病的旅客需要填写"旅客健康申明卡"。

(2) 在国外居住一年以上的中国旅客，到达中国第一入境口岸时，需要抽血化验。

(3) 飞机在出境前，必须持有检疫部门放行单，方可放行。

2. 边防规定

(1) 中国旅客不需要填写出、入境卡。

(2) 持有相当于护照功能证件的四种旅客不需要填写出、入境卡。

(3) 持有集体签证的外国旅游团体不需要填写出、入境卡。

(4) 中转不出机场的旅客不需要填写出、入境卡。

(5) 其他旅客都要填写出、入境卡。

(6) 一家人（二人持一本护照）可填写一张出、入境卡。

3．中国海关规定

1) 出境

出境人员携带外币现钞金额在等值 5 000 美元以上至 10 000 美元（含 10 000 美元）的，应向外汇指定银行申领《携带证》，海关凭加盖外汇指定银行印章的《携带证》验证放行。

下列出境旅客需向海关申报，并将申报单证交由海关办理物品出境手续。

(1) 携带需复带进境的照相机、便携式收录音机、小型摄像机、手提式摄录机、手提式文字处理机等旅行自用物品者。

(2) 未将应复带出境物品原物带出或携带入境的暂时免税物品未办理海关手续者。

(3) 携带外币、金银及其制品未取得有关出境许可证明或超出本次进境申报数额者。

(4) 携带人民币现钞 6 000 元以上者。

(5) 携带文物者。

(6) 携带货物、货样者。

(7) 携带出境物品超出海关规定的限值、限量或其他限制规定范围的。

(8) 携带中国检疫法规规定管制的动、植物及其产品以及其他须办理验放手续的物品者。

2) 入境

下列进境旅客需向海关申报，并将申报单证交由海关办理物品出境手续。

(1) 携带需经海关征税或限量免税的《旅客进出境行李物品分类表》第二、三、四类物品（不含免税、限量内的烟酒）者。

(2) 非居民旅客及持有前往国家（地区）再入境签证的居民旅客携带途中必需的旅行自用物品超出照相机、便携式收录音机、小型摄像机、手提式摄录机、手提式文字处理机每种一件范围者。

(3) 携带人民币现钞 6 000 元以上，或金银及其制品 50g 以上者。

(4) 非居民旅客携带外币现钞折合 5 000 美元以上者。

(5) 居民旅客携带外币现钞折合 1 000 美元以上者。

(6) 携带货物、货样以及携带物品超出旅客个人自用行李物品范围者。

(7) 携带中国检疫法规规定管制的动、植物及其产品以及其他须办理验放手续的物品者。

入境大陆海关的港澳居民：可携带香烟 200 支，或雪茄 50 支，或烟丝 250g，12 度以上酒精饮料 1 瓶 (0.75L 以下)。

入境大陆海关的其他旅客：可携带香烟 400 支，或雪茄 100 支，或烟丝 500g，12 度以上酒精饮料 2 瓶 (1.5L 以下)。

（二）中国香港

1. 检疫规定

香港居民不需要填写健康卡，其他旅客都要填写一张"健康申报表"。

2. 移民局规定

(1) 香港居民不需要填写入境卡。

(2) 两人使用一本护照可填写一张入境卡。

(3) 中转不出机场的旅客不需要填写入境卡。

(4) 持有集体签证的外国旅游团不需要填写入境卡。

(5) 其他旅客都要填写入境卡。

3. 海关规定

年满 16 周岁以上的旅客携带进境的烟草制品和 12 度以上酒精饮料的免税限量如下。

来往港、澳地区的旅客 (包括港、澳旅客和内地前往港、澳地区探亲旅游等旅客) 免税香烟限量 200 支或雪茄 50 支或烟丝 250g。免税 12 度以上酒精饮料限量酒 1 瓶 (不超过 0.75L)。当天往返或短期内多次来往于港、澳地区的旅客，香烟 40 支或雪茄 5 支或烟丝 40g，酒不准免税带进。其他进境旅客香烟 400 支或雪茄 10 支或烟丝 500 克，酒 2 瓶 (不超过 1.5L)。

规定入境香港人士只可携带 19 支香烟，出境每人可携带 2 条香烟。

对中国政治、经济、文化、道德有害的印刷品、胶卷、照片、唱片、影片、录音带、录像带、激光视盘、计算机存储介质及其他物品禁止进境。

2013 年 3 月 1 日起，规定离境人士所携带出境的奶粉每人不得超过 1.8kg，违例者最高可被罚款 50 万港元及监禁两年。

（三）中国海南岛

1. 移民局规定

(1) 从海南省入境、出境的人员和使用各类交通运输工具入境、出境者，必须经由海南省国家对外开放口岸或者国家主管机关指定的地点通行。

经批准的海南省航行香港、澳门的小型船舶和香港、澳门、台湾渔船（含香港、澳门流动渔船）及其员工，可以从海南省政府规定的地方口岸入境、出境。

(2) 出入境的人员必须向边防检查站递交检验护照、证件、签证。

2．海关规定

三亚免税店主要经营国际一流品牌的香水、化妆品、首饰、中国及海南特产等十个大类、近百个国际知名品牌的上万种商品。这些商品的价格低于国内百货商场价格的15%～35%。

(1) 购买对象必须是年满18周岁、乘飞机离开海南本岛但不离境的国内外旅客，包括海南省居民。

(2) 免税购物金额和数量规定如下。

离岛旅客（包括岛内居民旅客）每人每次免税购物金额暂定为人民币5 000元以内（含5 000元），即单价5 000元以内（含5 000元）的免税商品，每人每次累计购买金额不得超过5 000元。

购买免税商品，在数量上除化妆品、笔、服装服饰、小皮件和糖果最高不超过5件外，其余均限定为2件。

旅客在按完税价格全额缴纳进境物品进口税的条件下，每人每次还可以购买1件单价5 000元以上的商品。

每人每年仅限2次。

购买免税物品注意事项如下。

(1) 先买好回程机票，带好身份证。进免税店后，第一件事就是要到前台办一张店内购物卡，凭卡才能购物，并办理相关的离岛退税手续。办卡时，非海南本地游客，必须携带身份证及回程机票。

(2) 在航班起飞前6h完成购买。

(3) 游客在免税店买好物品，所购物品将由免税店负责送至机场候机厅。

(4) 游客需妥善保管好提货单据，并在航班起飞前1h，国内旅客凭身份证（港澳台游客持有效证件）、国外旅客持护照，以及提货单据、登机牌，在离岛机场国内出发候机厅提货点提货。所购物品必须一次性全部携带出岛。

(5) 三亚免税商品提货地点分为海口美兰国际机场和三亚凤凰国际机场，为确保商品准时送达提货地点，从海口美兰机场离岛的游客至少要在航班起飞前一天完成购买，从三亚凤凰机场离岛的游客至少应于航班起飞前6h完成购买。

练习题

1. 中国公民出国超过多长时间以上回国后需要抽血化验？

2. 在中国海南岛免税店购物，必须遵守哪些规定？

3. 在三亚免税店购物的旅客，乘坐海口美兰国际机场或三亚凤凰国际机场离境，有哪些不同的规定？

4. 香港居民两人使用一本护照需要填写几张入境卡？

（四）日本

1. 检疫规定

(1) 不需要填写"旅客健康表"。

(2) 黄皮书一般情况不需要。

(3) 禁止带植物、新鲜水果、蔬菜入境；特殊情况时，有政府证明，经检查可以带没有根的花卉入境。

(4) 从美国进来的白兰瓜、橘子可以携带入境。

2. 移民局规定

日本规定需对年满16周岁以上外国人采集指纹和脸部图像信息，入境者应予以配合。入境手续办理完毕后，妥善保管同联"外国人出国记录"，日后办理从日本离境手续时会用到。

(1) 初次入境的旅客要填写入境卡。

(2) 日本籍旅客不需要填写入境卡。

(3) 过境、不出机场的旅客不用填写入境卡。机组人员在日本过夜，不出机场需要填写机组专用的入境卡。

3. 海关规定

(1) 居住者：价值20万日元的免税物品。

(2) 非居住者：价值20万日元的免税物品。

(3) 以上两种旅客均可享受200支卷烟或50支雪茄或250g烟丝、酒3瓶(750mL/瓶)、香水2盎司、手表2块，但其中一块的价值不能超过3万日元。

(4) 过境旅客、不出机场的旅客、没有超出标准的旅客，不用填写海关申报单。

(5) 机组人员可携带外国烟60支、日本烟60支。

(6) 日本籍旅客享受免税年龄为20岁。

(五) 韩国

1. 检疫规定

旅客、机组人员需要填写检疫申报单。

2. 移民局规定

(1) 韩国公民、持有韩国绿卡的过境旅客不用填写入境卡。

(2) 非韩国公民入境时需要填写入境卡。

3. 海关规定

(1) 居住者、非居住者，可免税带进香烟200支、酒1立升、香水2盎司，但总价值不得超过400美元。

(2) 12岁以上的旅客都需要填写海关申报单，一家人可填写一张申报单。

(3) 旅客在入境的第一口岸，需要办理海关手续。

(4) 所有贵重物品必须申报，携带10 000美元以上，包括支票都要申报，外交官、外交使团不需要申报。

(5) 在韩国过夜的机组人员需要填写海关申报单，可带入香烟200支、酒1瓶，但是不能带威士忌。若未如实申报者，除交纳原海关关税外，还要交纳30%的额外罚款。

(6) 海关人员要对出入境的旅客行李物品进行检查，不能口头申报。

(7) 对农、林、蓄、水产品、中药等物品，其总价值须在10万韩元以内且限制数量（重量）。

(8) 享受免税年龄为19岁。

练习题

1. 中国留学生多次往返日本需要每次都填写日本入境卡吗？
2. 日本海关对居住者和非居住者及机组人员可以享受多少免税香烟、酒、物品？
3. 从韩国入境的中转旅客，在领取行李方面和中国海关规定有哪些不同？
4. 韩国海关规定，居住者和非居住者可免税带进多少香烟、酒？

（六）泰国

1. 检疫规定

机组、旅客均要填写泰国检疫卡（流行病发生时）。

2．移民局规定

每人都需要填写入境卡。

3．海关规定

(1) 所有旅客，可免税带进香烟 200 支或烟叶 250g 或雪茄 250g，1 立升烈酒。

(2) 货币每人 5 万泰铢，持一本护照的家庭可带 10 万泰铢，外币无限制。

(3) 金条或金块如果没有入境许可，须留在海关以便离境时带走。

(4) 货币出入境需由海关官员签名并记录在海关申报单上，须在护照上有记录。

(5) 享受免税没有年龄限制。

（七）印度

1．检疫规定

印度在飞机落地前需要对客舱喷洒药物 2 瓶。

2．移民局规定

(1) 旅客填写入境卡。

(2) 机组填写申报单。

(3) 旅客、机组人员保存好入境卡在离境时出示。

3．海关规定

(1) 旅客可免税带进香烟 200 支或雪茄 50 支或烟草 250g，酒类 2L。

(2) 带入现金或相当于 10 000 美元的支票、证券要填写申报单。

(3) 居住者可带入礼品不得超过 12 000 卢比。

(4) 非居住者可带入礼品不得超过 4 000 卢比。

练习题

1．泰国海关针对旅客携带货币有哪些规定？

2．印度检疫有哪些规定？在飞机上喷洒药物的流程是什么？

3．印度海关对待旅客携带礼品入境有哪些规定？

（八）新加坡

1．移民局规定

(1) 所有旅客，包括小孩，每人都需要填写一张入境卡。

(2) 出境卡要求保留在护照内，离境时交给移民局。

2．海关规定

(1) 所有旅客禁止携带口香糖入境。

(2) 可免税带进烈性酒、葡萄酒各 1 立升。

(3) 任何烟草入境时都需要申报，且不能超过 1 包 (含 1 包)。

(4) 飞机在落地之前，需要填写机上酒单，并铅封好酒车，酒单内容包括种类、数量、铅封号、摆放位置、酒车的数量。

(5) 新加坡法律规定：禁带毒品、麻醉剂，如发现携带入境者要给予重罚 (刑罚包括死刑)。

(6) 享受免税年龄为 18 岁。

（九）巴基斯坦

(1) 居住者，可免税带进香烟 200 支、花露水 250mL、香水 125mL。

(2) 非居住者，可免税带进香烟 200 支、花露水和香精各 1/4 立升。

(3) 礼品总价值不超过 2 000 卢比。

(4) 警告：无论居住者、非居住者，无论什么国籍，都严格禁止带入含有酒精的饮料入境。

(5) 享受免税年龄为 16 岁。

练习题

1．新加坡海关规定绝对禁止携带哪些物品入境？为什么？

2．新加坡落地之前为何必须填写酒单？如何填写？

3．为什么巴基斯坦国家海关规定无论什么国籍都严格禁止带入含有酒精的饮料入境？

二、中东地区——科威特

（一）检疫规定

来自任何国家的旅客都无须接种疫苗。

（二）海关规定

(1) 可免税携带雪茄 500 支。

(2) 可以携带金条，但必须申报。

(3) 对当地的货币和外币没有限制。

(4) 严禁带入含有酒精的饮料。

练习题

1. 科威特海关对携带金条、货币的旅客有哪些规定？

2. 科威特、阿联酋这两个国家对饮酒有限制吗？

三、欧洲地区

（一）英国

1. 检疫规定

(1) 飞机在落地之前，需对客舱喷洒药物。

(2) 不能携带任何种类食品入境。

2. 移民局规定

(1) 旅客、机组人员都需要填写入境卡。

(2) 字迹清楚，不得涂改，用英文大写填写。

3. 海关规定

(1) 欧盟的居民，可免税带进香烟200支或卷烟50支或烟丝250g。

(2) 38度以上酒1立升或38度以下酒2立升。

(3) 非欧盟的居民，可免税带进香烟400支或卷烟100支或烟丝500g。

(4) 22度以上酒1立升或22度以下酒2立升或葡萄酒2立升。

(5) 机组人员在英国停留不超过24小时的，香烟25支。停留7天以内，可携带香烟200支。

(6) 机组人员需要填写8人一张的海关申报单。

(7) 飞机在落地之前，需要填写机上酒单，铅封好酒车，酒单内容包括种类、数量、铅封号、摆放位置、酒车的数量。

(8) 享受免税年龄为17周岁。

（二）法国

1. 检疫规定

飞机到达前，需对客舱喷洒药物。

2. 移民局规定

(1) 法国人、欧盟国家的人员，不用填写入境卡。

(2) 其他国家的旅客都需要填写入境卡，可用法文、英文填写。

(3) 中国旅客在入境卡的下方，要填写本人护照号码。

(4) 机组人员乘车进入机场时，移民局官员上车检查每个人的登机证。

3. 海关规定

1) 来自欧盟国家旅客

(1) 可免税带进香烟 300 支、小雪茄 150 支、大雪茄 75 支、烟草 400g (任选一种)。

(2) 可免税带进葡萄酒 2 立升，22 度烈性酒 1.5 立升。

(3) 可免税带进咖啡 700g 或咖啡精 300g。

(4) 可免税带进茶叶 150g 或茶叶精 60g。

(5) 可免税带进香水少量。

(6) 可享受免税年龄为 15 周岁。

2) 来自其他国家旅客

(1) 可免税带进香烟 200 支、小雪茄 100 支、大雪茄 50 支、烟草 250g (任选一种)。

(2) 可免税带进葡萄酒 2 立升，22 度以上酒类 1 立升或 22 度以下酒类 2 立升。

(3) 可免税带进茶叶 100g 或茶叶精 40g。

(4) 可免税带进香水 1/4 立升或香精 50g。

(5) 可免税带进咖啡精 200g 或咖啡 500g。

3) 机组人员

(1) 必须填写机组申报单。每人带香烟 (40 支)、红酒 0.5 立升、烈性酒 0.25 立升，酒类物品必须申报，所有随身贵重物品须申报。

(2) 机组人员不得为他人带电器，如果个人使用的电器，需要申报，并在出境时带出。

(3) 禁止携带假冒名牌出入境，否则将被罚款。

练习题

1. 英国、法国入境检疫有哪些特殊规定？

2. 具体描述机组人员如何填写英国海关申报单。

3. 机组人员进入英国应遵守哪些关于烟草的规定？

4. 英国落地之前需要填写机上酒单吗？

5. 法国移民局对中国旅客填写入境卡有哪些特殊要求？

（三）意大利

1. 移民局规定

旅客、机组人员不需填写入境卡。

2. 海关规定

进入意大利时，旅客在个人行李中携带的消费品可免关税，但此类物品不得具有贸易进口性质，其总价值不得超过175欧元。15周岁以下未成年人携带物品最高限额为90欧元。另外对某些特定商品，旅客可携带的免税商品数量限制如下。

1) 烟草类

可携带下列四项中的一种。

(1) 香烟 200 支。

(2) 卷烟 (每支重量不超过 3g 的雪茄)100 支。

(3) 雪茄 50 支。

(4) 烟草 250g。

2) 酒精类饮料

可携带下列两项中的一种。

(1) 超过 22 度的蒸馏、酒精饮料或纯度超过 80% 的非变性酒精 1L。

(2) 等于或小于 22 度的蒸馏或酒精饮料、开胃葡萄酒、香槟、烈性葡萄酒 2L 以及低度葡萄酒 2L。

3) 香水类

香水 50g、清新剂 250mL。

4) 咖啡类

可携带下列两项中的一种。

(1) 咖啡 500g。

(2) 咖啡精或浓缩咖啡 200g。

5) 茶类

可携带下列两项中的一种。

(1) 茶叶 100g。

(2) 茶精 40g。

上述物品不被计算在 175 欧元的免税物品之内。

(四)西班牙

1. 移民局规定

(1) 入境须持有效签证或西班牙居留证,否则将被原机遣返。

(2) 欧盟旅客不填西班牙(马德里)入境卡。

(3) 对非法入境者每人罚款 6 000 美元。

(4) 持西班牙短期签证旅客必须持有往返程机票。

2. 海关规定

(1) 15 周岁以上的旅客允许携带免税物品的金额不得超过 175 欧元,15 周岁以下的旅客不得超过 90 欧元。

(2) 15 周岁以上旅客可免税携带进香烟 200 支、酒 22 度以上 1L 或 22 度以下 2L。

(3) 允许携带货币 10 000 欧元以下,高于该金额需申报。

(4) 中国人带入中草药,务必携带英文说明,否则将被视为假药处理。

(5) 不得携带仿冒或盗版产品,一经发现,海关有权予以扣留。

练习题

1. 意大利海关允许旅客携带出入境货币、证券总价值是多少?
2. 意大利海关对机组入境有何要求?
3. 西班牙海关对中国人带入中草药,有哪些具体要求?
4. 什么是非法入境?西班牙对这类人如何处理?
5. 请解释"欧盟"的含义?西班牙移民局对欧共体国家的旅客有什么要求?

(五)德国

1. 移民局规定

(1) 所有旅客不需要填写入境卡,但移民局官员会在机舱口检查护照。

(2) 机组人员必须带好执照,移民局官员会经常抽查。

2. 海关规定

(1) 欧洲居住者:①可免税带进香烟 200 支;②携带免税物品的价值总额不超过 230

欧元。

(2) 非居住者其他国家旅客：①可免税带进香烟200支；②携带物品的价值总额不超过50欧元。

(3) 旅客可携带22度以上的酒1立升或22度以下的酒2立升。

(4) 机组人员允许携带香烟40支，酒禁止带入，超过标准要罚款。

(5) 飞机在德国停留24h以上时，要填写酒单(种类、数量、铅封号、摆放位置、酒车的数量)。

(6) 享受免税年龄为17周岁。

（六）俄罗斯

1. 移民局规定

(1) 每一位旅客都需填写入境卡。

(2) 机组人员、俄罗斯公民不需要填写入境卡。

(3) 如果机组人员、俄罗斯公民带了规定申报的物品，需要填写海关申报单。

2. 海关规定

(1) 每位旅客，可免税带进香烟250支、酒0.5立升和1立升葡萄酒，香水适量，礼品价值不超过30卢布。

(2) 旅客入境时带入的各种货币数额不受限制，但要申报。

(3) 旅客出境时带出的货币总额不得超过入境时所申报的总额。

(4) 禁止将本国货币以钞票或硬币的形式带出，但独联体发放的支票可以自由带出。

(5) 机组需要填写集体海关申报单，如带有大量外币者要在申报单中注明。

(6) 可享受免税年龄为16周岁。

练习题

1. 德国海关规定，对欧洲居住者和非居住者可免税携带物品的价值总额及香烟分别是多少？

2. 飞机在德国停留需要填写酒单吗？请独立填写一份标准的酒单。

3. 机组人员在德国入境时可以带多少烟、酒？

4. 俄罗斯海关规定，旅客可以携带多少货币入境？需申报吗？

5. 俄罗斯海关规定，旅客一次可以携带多少货币出境？

四、美洲地区

（一）美国

1. 检疫规定

(1) 禁止将一切肉类带进美国，包括熟肉、生肉、干肉等，但海鲜类、飞禽等罐装制品可以带入。

(2) 可带入少量加工熟的瓜子、花生，包装要精制。

(3) 只有美国生产的软饮料可以带入。

(4) 任何水果严禁带入，违者重罚（例如：一个苹果罚50美元）。

(5) 禁止带入植物，剪下来无根的花卉可以带，但要经检疫部门检查。

(6) 美国一般不要黄皮书，但如果某些国家发生传染病（伤寒、霍乱）报告联合国，再通知世界各地，发生传染病国家的旅客到美国必须持有黄皮书。

2. 移民局规定

(1) 美国公民、定居的侨民、加拿大籍公民不用填写美国入境卡。

(2) 居住在温哥华、多伦多两个城市的加拿大公民或持有加拿大绿卡的乘客进入美国不需要美国签证。

(3) 持有美国签证的旅客需填写白色194入境卡。

(4) 没有美国签证的过境旅客需填写绿色194W入境卡。

(5) 填写表格时必须用英文大写，从第一格填起，一字一格，不能涂改。

(6) 机组人员初次入境需要填写个人信息表，该表可连续使用21次。

(7) 机组人员在美国办理出/入境手续时，要按压指印。

3. 海关规定

(1) 美国公民可随身携带800美元的免税物品。

(2) 非美国公民可随身携带100美元的免税物品。

(3) 带入和带出美国的货币（包括汇出）如超过10 000美元必须申报。

(4) 旅客可免税携带香烟200支或雪茄50支或烟丝2kg，酒1立升。

(5) 严禁带入盗版光盘。

(6) 进入美国第一站必须将所有的物品拿下飞机办理海关手续。

(7) 在纽约入境前要填写2份酒单。

(8) 不能随身携带火柴、打火机，只能放在托运行李中。

(9) 机组人员可携带香烟 200 支，开封的酒 1 瓶；礼品总价值不得超过 200 美元。

(10) 享受免税年龄为 21 周岁。

(11) 旅客填写海关单注意事项。

① 所有旅客（包括美国国籍）都要填写海关申报单。

② 必须用英文，不能草写，用蓝色笔或黑色笔。

③ 一个家庭可以填一张，结婚的妇女填写婚后的姓名。

④ 目前住址写居住 6 个月以上的国家。

⑤ (9) ~ (10) 项如"有"，在"Yes"上打"×"；"没有"，则在"No"上打"×"。

⑥ 如有相当于 10 000 美元的其他货币（外币），在 Yes 上打"×"。

⑦ 带入物品超过免税标准时需填写在后面。

⑧ 在美国过境的客人也要填写申报单，海关需要检查行李。

⑨ 旅客禁止携带水果和肉类食品登机，如有携带，应在落地之前处理完毕。

⑩ 乘务员要协助旅客填写，旅客签名一栏，乘务员不可替代。

4．机组人员填写美国海关单注意事项

(1) 机组人员海关申报单由本人填写，且用英文大写。

(2) 给别人（即使是办事处）带的礼品，要填写申报单。

(3) 如果仅带了自己的私人用品，可填写"PERSONAL EFFECTS ONLY"。

(4) 个人签名一栏要签"中文"名字。

(5) 机组人员办完海关手续后，美方官员在海关单子上盖章，随后离开候机室时美方官员再次核对海关单并收回。

(6) 机组人员申报单上的地址要写机组驻地地址。

练习题

1．美国检疫规定都有哪些食品不可以携带入境？为什么海鲜类、飞禽等罐装制品可以携带入境？

2．美国共有几种入境卡片？分别是什么样的？有哪些具体的填写要求？什么身份的旅客不用填写入境卡？

3．美国所有航线都需要填写酒单吗？

4．机组人员填写美国入境卡时有哪些要求？请你独立、准确、成功地填写一份机组入境卡片。

5. 机组人员进入美国可以带多少烟、酒、礼品？

6. 请叙述填写美国海关申报单的注意事项。

（二）加拿大

1. 检疫规定

严禁将带有《中国航空公司》标志的食品、用品和清洁袋等拿下飞机。

2. 移民局规定

(1) 所有旅客、过境旅客、机组人员都要填写一份蓝颜色的入境卡《询问卡E311表格》。

(2) 用英文或法文填写，字迹清楚，不得涂改。

(3) 加拿大移民局将在机舱口对中国旅客检查护照，注意提醒旅客提前准备好护照以免耽误旅客下机的时间。

3. 海关规定

(1) 居住者、非居住者，可免税带入香烟200支或雪茄50支或烟草2磅。

(2) 可免税带入酒1立升或24听啤酒。

(3) 送给加拿大的居民的礼品每件不超过加币60元。

(4) 享受免税年龄为16周岁。

（三）巴西

1. 移民局规定

(1) 每位旅客、机组人员都必须填写入境卡，一式两联，白色一联移民局收回，绿色一联由个人妥善保管，离境时交给海关，如果丢失将被罚款。

(2) 巴西移民局法律及获得巴西国籍政策规定如下。

① 只要夫妻双方其中一方在巴西取得永久居留权，即可为夫妻另一方及其父母和未成年子女(18周岁以下)申办永久居留，实现家庭团聚。

② 凡在巴西出生的孩子，均属巴西公民。没有合法身份的夫妻只要在巴西生育子女，便可申请永久居留。

③ 没有合法身份的外国公民只要与巴西公民结婚，即可获得合法身份。

④ 根据巴西2004年制定的移民法律规定，凡在巴西投资5万美元(原为25万美元)的外国公民，其本人及其配偶和未成年子女，均可申办永久居留。

⑤ 凡注册20万美元以上的外国公司，其董事长和高级管理人员可申请永久居留。

2. 海关规定

（1）旅客入境巴西可免税携带个人随身物品、报纸杂志和总额不超过 500 美元的其他物品，超过部分需缴纳 50% 的进口税。

（2）个人携带现金或旅行支票折合不得超过 10 000 巴币（约 3 000 美元）。

（3）欲在巴西境内使用的手提电脑必须申报。

练习题

1. 加拿大检疫部门对机组有哪些特殊规定？
2. 加拿大移民局对检查中国旅客证件时有哪些特殊要求？
3. 为什么加拿大入境卡片可以用英文或法文填写？
4. 请你独立、熟练地填写一张加拿大入境卡《询问卡 E311 表格》。
5. 巴西移民局对机组和旅客填写入境卡在保管上有哪些要求？

五、澳洲地区——澳大利亚

（一）海关规定

（1）18 周岁以上可享受免税物品总价值每人不超过 900 澳元。

（2）18 周岁以下者不超过 450 澳元免税物品。

（3）每位可以携带香烟 25 支或烟草制品 25g，酒 2.25 立升入境（烟酒携带者必须为 18 周岁或以上乘客）。

（4）所携带货币超出 10 000 澳元的需要申报。

（5）机组人员需要申报的物品有：手表、收音机、体育用品、宝石、香烟 250 支、酒 1 瓶（包括红白葡萄酒）。

（6）机组人员需要填写澳洲海关单，并且个人必须妥善保管，等待离境时交还给移民局。

（7）享受免税年龄为 18 周岁。

（二）移民局规定

（1）每位旅客都必须用英文填写一张入境卡。

（2）乘客入境手续在国际航班终点站办理。

（三）检疫规定

（1）禁止携带任何食品和水果入境。

(2) 飞机进入澳大利亚第一入境口岸之前需对飞机客舱、卫生间、货舱喷洒药物，开启机门后第一时间，检疫人员要登机与乘务员办理交接手续，回收空瓶子。

(3) 飞机上共配有绿色瓶、蓝色瓶、红色瓶药物。

① 绿色 4 瓶用于始发站旅客登机之前。

② 蓝色 5 瓶用于澳大利亚第一入境口岸飞机下降之前。

③ 红瓶用于始发站飞机起飞之前喷洒货舱，由货运人员负责完成。

④ 喷洒后要填写喷洒药物记录单 2 份（由乘务员和地面人员各填写一份）。

练习题

1. 请详细描述澳大利亚对航班喷洒药物的规定。
2. 对机组人员填写澳大利亚海关单有哪些要求？
3. 澳大利亚海关规定，机组人员下飞机时禁止携带什么物品？
4. 澳大利亚海关规定，机组人员可以携带多少香烟入境？

练习题

1. 中国检疫规定，航班在出境前，需要有_____部门放行单后可以起飞。

2. 中国边防规定，过境不出机场的旅客_____填写入境卡。

3. 中国办理出/入境手续的程序是_____、_____、_____。

4. 中国移民局规定，_____旅客不需要填写入境卡。

5. 中国护照的种类分别是_____、_____、_____。

6. 中国海关规定，中国和外国公民出/入境可携带人民币现金_____或美元_____。

7. 中国海关规定，可以享受免税年龄为_____岁。

8. 中国海关规定，凡是需要向海关申报者，必须走_____通道。

9. 中国海关规定，所有旅客到达中国入境的第一口岸，需要办理_____、_____、_____手续，对手提行李进行检查，托运行李到_____处办理。

10. 中国海关规定，旅客每次入境可携带香烟_____支、酒_____瓶。

11. 中国公民出国时间_____以上的，回国后需做抽血化验。

12. 中国海关规定，中国机组入境时，可带入烟酒_____。

13. 客舱乘务员有责任帮助旅客填写 CIQ 单，但是不要替代_____。

14. 香港移民局规定，从香港入境的旅客，_____填写入境卡。

15. 根据中国海南岛海关规定，可以享受免税年龄是_____。
16. 离开海南岛的乘客每人每次可以购买免税品金额_____。
17. 日本籍旅客入境日本_____填写入境卡。
18. 日本海关规定，享受免税品的年龄为_____。
19. 日本移民局规定，第一次入境日本外籍旅客_____填写入境卡。
20. 日本海关规定，每位乘客可以享受免税香烟_____、酒_____瓶。
21. 韩国海关规定，到达韩国第一入境口岸的所有旅客_____办理海关手续。
22. 韩国海关规定，每位乘客可免税带进香烟_____、酒_____升。
23. 韩国享受免税品年龄为_____。
24. 泰国海关规定，旅客除按规定携带香烟和酒入境外，外币_____限制。
25. 泰国海关规定，每位旅客入境时可以携带_____万泰铢。
26. 印度移民局规定，必须用_____填写入境卡，字母不允许压线。
27. 印度海关规定，在印度入境可以携带礼品不得超过_____卢比。
28. 印度检疫部门要求，飞机到达前需要对客舱_____。
29. 新加坡海关规定，禁止携带_____入境。
30. 新加坡海关规定，飞机在落地前，乘务员需要填写_____。
31. 新加坡海关规定，旅客入境时可以携带烟类但需要_____。
32. 新加坡检疫规定，飞机落地前要对客舱_____。
33. 巴基斯坦海关规定，所有旅客严禁携带_____入境。
34. 科威特海关规定，旅客_____携带金条入境。
35. 科威特海关规定，旅客_____携带酒类入境。
36. 英国海关规定，机组人员入境_____填写海关申报单。
37. 英国海关规定，在飞机落地前必须填好_____，封好_____。
38. 英国检疫规定，飞机在落地前需要对客舱_____。
39. 法国检疫规定，飞机落地前要对客舱_____。
40. 法国海关规定，可以享受免税品的年龄为_____。
41. 法国移民局规定，中国旅客填写入境卡时必须在卡片下方填写_____。
42. 法国移民局规定，欧盟旅客入境时_____填写入境卡。
43. 法国海关规定，携带_____出/入境将被没收并罚款。
44. 意大利海关规定，每位旅客出境时允许携带货币、证券总价值不得超_____过欧元。

45. 西班牙海关规定，不得携带_____产品，一经发现，海关有权扣留。

46. 西班牙海关规定，旅客入境时携带的药品必须有_____说明，否则将被视为假药处理。

47. 从西班牙海关入境的旅客必须持有_____，对非法入境者每人罚款6 000美元。

48. 来自欧盟国家的旅客，携带免税品总价值不得超过_____欧元。

49. 德国移民局规定，所有旅客_____填写入境卡。

50. 飞机在德国停留_____小时以上时，必须填写酒单。

51. 德国海关规定，每位乘客入境时可携带香烟_____支。

52. 俄罗斯移民局规定，俄罗斯公民_____填写入境卡。

53. 俄罗斯海关规定，禁止将_____货币以钞票或硬币形式带出境。

54. 美国移民局规定，在填写入境卡时必须使用_____，不得_____。

55. 美国检疫规定，严禁携带_____入境，否则被罚款。

56. 持有美国签证的旅客填写_____色入境卡，没有美国签证，过境旅客填写_____色入境卡。

57. 进入美国不需签证的国家有_____。

58. 美国海关规定，乘客每次出入境可以携带_____货币。

59. 美国海关规定，美国公民，定居侨民，_____填写入境卡。

60. 美国检疫局规定，只有美国生产的_____可以携带入境。

61. 机组进入美国，入境卡片可连续使用_____次。

62. 飞机在纽约落地前，乘务员需要填写_____单。

63. 美国检疫局规定，禁止携带一切肉类入境，但是_____类不受限制。

64. 加拿大海关规定，_____要填写《询问卡E311表格》。

65. 加拿大海关规定，享受免税品的年龄为_____。

66. 加拿大海关规定，旅客可免税带进香烟_____支，酒_____或_____。

67. 澳大利亚检疫局规定，禁止乘客携带任何_____、_____入境。

68. 澳大利亚检疫局规定，飞机在到达第一入境口岸，需要对客舱_____。

69. 各国海关规定在本国境内_____销售机上小卖部。

70. 检疫部门职能是检查_____、移民局是检查_____、海关是检查_____。

71. 请简述签证含义。

72. 边境与边界的区别是什么？

73. 各国检疫部门都有哪些通用规定？

74. 各国海关都有哪些通用规定？

75. 在中国海南岛免税店购物时有哪些注意事项？

76. 在三亚免税店购物的旅客，乘坐海口美兰国际机场或三亚凤凰国际机场的客机离境，有哪些不同的规定？

77. 美国检疫部门规定都有哪些食品不可以携带入境？为什么海鲜类、飞禽等罐装制品可以携带入境？

78. 有多少国家海关要求在飞机落地之前填好酒单？

79. 有多少国家检疫部门要求在飞机落地之前需要对客舱喷洒药物？

第六章
部分国家和地区 CIQ 表格认识与填写

【本章内容提示】

　　中国大陆、中国香港地区、日本、新加坡、英国、法国、美国、加拿大、澳大利亚的 CIQ 表格认识与填写。

一、中国 CIQ 表格

中华人民共和国出入境检验检疫出/入境健康申明卡如图 6-1 所示。

中华人民共和国出入境检验检疫
出/入境健康申明卡

根据有关法律法规规定，为了您和他人的健康，请如实逐项填报，如有隐瞒或虚假填报，将依据有关法律法规追究相关责任。

姓名＿＿＿＿＿＿＿＿＿＿　性别：□男　□女
出生日期＿＿年＿＿月　　国籍（地区）和城市＿＿＿＿
护照（入台证、台胞证、回乡证、通行证）号码＿＿＿＿＿
航班（船、车次）号＿＿＿　舱位（车厢）号＿＿＿　座位号＿＿＿

1. 7天内是否离开中国大陆？
   □是，请填写在中国大陆期间的行程＿＿＿＿＿＿＿＿
   预计离开日期＿＿月＿＿日，目的地＿＿＿＿＿＿＿＿
   所乘交通工具的航班（船、车次）号＿＿＿＿＿＿＿＿
   □否，请填写在7天内的行程＿＿＿＿＿＿＿＿＿＿＿
   ＿＿＿＿＿＿＿＿＿＿＿＿＿＿＿＿＿＿＿＿＿＿＿
   继续旅行乘坐的航班（船、车次）号＿＿＿＿＿日期＿＿
2. 在中国大陆详细联系地址＿＿＿＿＿＿＿＿＿＿＿＿＿
   ＿＿＿＿＿＿＿＿＿＿＿＿＿＿＿＿＿＿＿＿＿＿＿
   联系电话＿＿＿＿＿＿＿＿＿＿＿＿＿＿＿＿＿＿＿＿
3. 过去7天内您居住或到过的国家（地区）和城市：＿＿＿
   ＿＿＿＿＿＿＿＿＿＿＿＿＿＿＿＿＿＿＿＿＿＿＿
4. 过去7天内您是否与流感或有流感样症状的患者有过密切接触？
   是□　否□
5. 您如有以下症状和疾病，请在"□"中划"√"
   □发热　□咳嗽　□嗓子痛(喉咙痛)　□肌肉痛和关节痛　□鼻塞
   □头痛　□腹泻　□呕吐　□流鼻涕　□呼吸困难　□乏力
   □其它症状＿＿＿＿＿＿＿＿＿＿＿＿＿＿＿＿＿＿＿

我已阅知本申明卡所列事项，并保证以上申报内容正确属实。

旅客签名：
日　　期：

体温(检疫人员填写)：＿＿＿＿℃
检疫人员签名：＿＿＿＿＿＿＿＿

图 6-1　中华人民共和国出入境检验检疫出/入境健康申明卡

外国人出入境卡如图 6-2 所示。

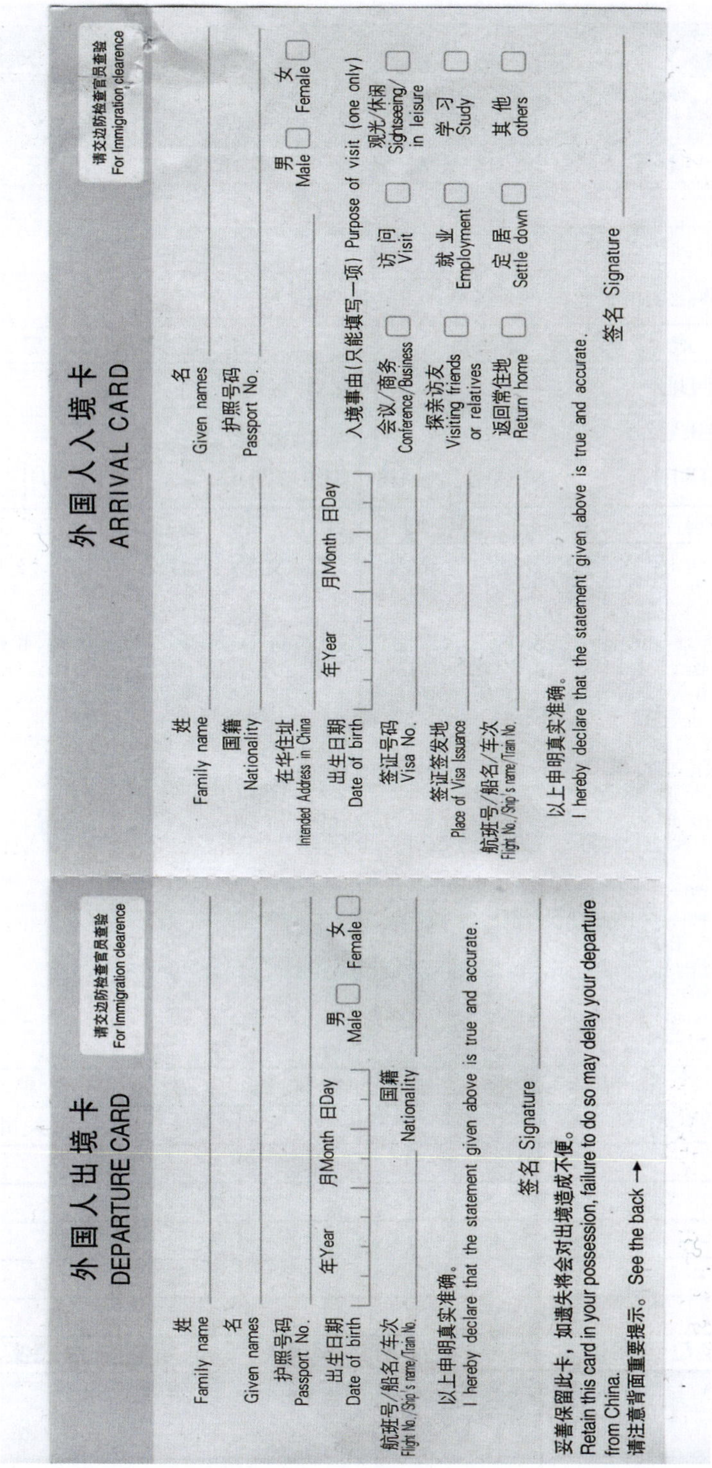

外国人入境卡
ARRIVAL CARD

请交边防检查官员查验
For Immigration clearence

姓 Family name
名 Given names
国籍 Nationality
护照号码 Passport No.
在华住址 Intended Address in China
男 Male □ 女 Female □
出生日期 Date of birth 年Year 月Month 日Day
入境事由（只能填写一项）Purpose of visit (one only)
签证号码 Visa No.
会议/商务 Conference/Business □
访问 Visit □
观光/休闲 Sightseeing/in leisure □
签证签发地 Place of Visa Issuance
探亲访友 Visiting friends or relatives □
就业 Employment □
学习 Study □
航班号/船名/车次 Flight No./Ship's name/Train No.
返回常住地 Return home □
定居 Settle down □
其他 others □
以上申明真实准确。
I hereby declare that the statement given above is true and accurate.
签名 Signature

外国人出境卡
DEPARTURE CARD

请交边防检查官员查验
For Immigration clearence

姓 Family name
名 Given names
护照号码 Passport No.
出生日期 Date of birth 年Year 月Month 日Day
男 Male □ 女 Female □
航班号/船名/车次 Flight No./Ship's name/Train No.
国籍 Nationality
以上申明真实准确。
I hereby declare that the statement given above is true and accurate.
签名 Signature

妥善保留此卡，如遗失将会对出境造成不便。
Retain this card in your possession, failure to do so may delay your departure from China.
请注意背面重要提示。 See the back →

图 6-2 外国人出入境卡

中华人民共和国海关进出境旅客行李物品申报单正反面如图 6-3 和图 6-4 所示。

中华人民共和国海关
进出境旅客行李物品申报单

请仔细阅读申报单背面的填单须知后填报

姓 ______ 名 ______ 男 □ 女 □

出生日期 □□□□ 年 □□ 月 □□ 日 国籍（地区）______

护照（进出境证件）号码 □□□□□□□□□□□□□□

进境旅客填写	出境旅客填写
来自何地 ______	前往何地 ______
进境航班号/车次/船名 ______	出境航班号/车次/船名 ______
进境日期：______ 年 ___ 月 ___ 日	出境日期：______ 年 ___ 月 ___ 日
携带有下列物品请在“□”划√	携带有下列物品请在“□”划√
□1. 动植物及其产品、微生物、生物制品、人体组织、血液及其制品	□1. 文物、濒危动植物及其制品、生物物种资源、金银等贵重金属
□2. 居民旅客在境外获取总值超过人民币5,000元的物品	□2. 居民旅客携带需复带进境的单价超过人民币5,000元的照相机、摄像机、手提电脑等旅行自用物品
□3. 非居民旅客拟留在境内总值超过人民币2,000元的物品	□3. 超过20,000元人民币现钞，或超过折合美元5,000元外币现钞
□4. 超过1,500毫升的酒精饮料（酒精含量12°以上），或超过400支香烟，或超过100支雪茄，或超过500克烟丝	□4. 货物、货样、广告品
□5. 超过20,000元人民币现钞，或超过折合美元5,000元外币现钞	□5. 其它需要向海关申报的物品
□6. 分离运输行李，货物、货样、广告品	
□7. 其它需要向海关申报的物品	

携带有上述物品的，请详细填写如下清单

品名/币种	型 号	数 量	金 额	海关批注

我已经阅读本申报单背面所列事项，并保证所有申报属实。

旅客签名：______

图 6-3 中华人民共和国海关进出境旅客行李物品申报单（正面）

一、重要提示：

1. 没有携带应向海关申报物品的旅客，无需填写本申报单，可选择"无申报通道"（又称"绿色通道"，标识为"●"）通关。
2. 携带有应向海关申报物品的旅客，应当填写本申报单，向海关书面申报，并选择"申报通道"（又称"红色通道"，标识为"■"）通关。海关免予监管的人员以及随同成人旅行的16周岁以下旅客可不填写申报单。
3. 请妥善保管本申报单，以便在返程时继续使用。
4. 本申报单所称"居民旅客"系指其通常定居地在中国关境内的旅客，"非居民旅客"系指其通常定居地在中国关境外的旅客。
5. 不如实申报的旅客将承担相应法律责任。

二、中华人民共和国禁止进境物品：

1. 各种武器、仿真武器、弹药及爆炸物品；
2. 伪造的货币及伪造的有价证券；
3. 对中国政治、经济、文化、道德有害的印刷品、胶卷、照片、唱片、影片、录音带、录像带、激光唱盘、激光视盘、计算机存储介质及其它物品；
4. 各种烈性毒药；
5. 鸦片、吗啡、海洛因、大麻以及其它能使人成瘾的麻醉品、精神药物；
6. 新鲜水果、茄科蔬菜、活动物（犬、猫除外）、动物产品、动植物病原体和害虫及其它有害生物、动物尸体、土壤、转基因生物材料、动植物疫情流行的国家和地区的有关动植物及其产品和其它应检物；
7. 有碍人畜健康的、来自疫区的以及其它能传播疾病的食品、药品或其它物品。

三、中华人民共和国禁止出境物品：

1. 列入禁止进境范围的所有物品；
2. 内容涉及国家秘密的手稿、印刷品、胶卷、照片、唱片、影片、录音带、录像带、激光唱盘、激光视盘、计算机存储介质及其它物品；
3. 珍贵文物及其它禁止出境的文物；
4. 濒危的和珍贵的动植物（均含标本）及其种子和繁殖材料。

图 6-4　中华人民共和国海关进出境旅客行李物品申报单（反面）

二、中国香港 CIQ 表格

中国香港入境卡如图 6-5 所示。

IMMIGRATION DEPARTMENT HONG KONG
香 港 入 境 事 務 處

ID 93 (1/2006)

DEPARTURE CARD 旅客離港申報表

IMMIGRATION ORDINANCE (Cap. 115)
入境條例 [第 115 章]
Section 5(4) and (5)
第 5(4) 及 (5) 條

All travellers should complete this card except Hong Kong Identity Card holders
除香港身份證持有人外，所有旅客均須填寫此申報表

Family name (*in capitals*) 姓 (請用正楷填寫)	Sex 性別
Given names (*in capitals*) 名 (請用正楷填寫)	
Travel document No. 旅行證件號碼	Place and date of issue 發出地點及日期
Nationality 國籍	Date of birth 出生日期 / / day 日 month 月 year 年
Place of birth 出生地點	Address in Hong Kong 香港地址
Home address 住址	
Flight No./Ship's name 班機編號／船名	Destination 目的地
Signature of traveller 旅客簽署	

Please retain in passport
請留在護照之內
Do not fold
切勿摺疊

SC572474

图 6-5 中国香港入境卡

三、日本 CIQ 表格

日本入境卡如图 6-6 所示。

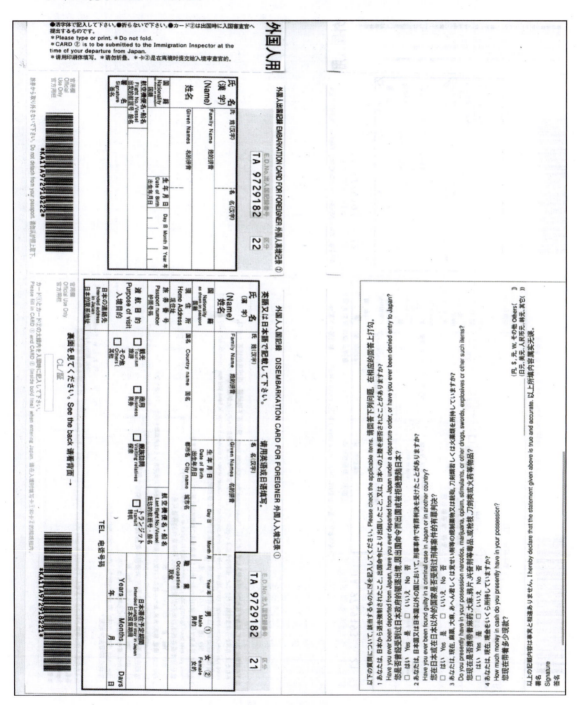

图 6-6　日本入境卡

日本海关申报单如图 6-7 和图 6-8 所示。

图6-7 日本海关申报单(A面)

第六章 部分国家和地区 CIQ 表格认识与填写

（B面）

※ 请把入境的时候携带的物品填入下面的表（A面的第1和第3的提问都选择「否」的旅客不需要填入。）

（注意）在其他物品的品名上只限自用的物品，不需填写各品种的总额不超过1万日元的物品（据境外市价），也不需或分离运输的物品的详细的内容

酒	类			瓶	*海关记入
香 烟	卷烟			支	
	雪茄			支	
	其他烟草			克	
香	水			盎司	
其他物品的品名		数 量	价 格		

*海关记入

日元

◎ **禁止携入日本的物品**
① 麻药、向精神药、大麻、鸦片、兴奋剂、摇头丸（MDMA）等
② 手枪等枪支、这些枪支的弹药及零件
③ 爆炸物、火药类、化学兵器的原材料及痈疽细菌等的病原体等
④ 货币、纸币、有价证券及信用卡等的伪造物品等
⑤ 黄色杂志、激光视盘等（DVD），以及儿童色情物品等
⑥ 假冒名牌商品、盗版等侵害知识产权的物品

◎ **限制携入日本的物品**
① 猎枪、气枪，以及日本刀等的刀剑类
② 根据华盛顿条约限制进口的动植物及其制品（鳄鱼、蛇、龟、象牙、麝香及仙人掌等）
③ 有必要事前检疫的动植物、肉类产品（包括香肠、牛肉干等）蔬菜、水果及大米等
* 有必要事前在动・植物检疫台接受确认。

◎ **免税范围**（乘务员除外）
· 酒类 3瓶（760ml/瓶）
· 纸烟。外国制品和日本制品每个都是 200支以内的免税范围（不住在日本的旅客的免税范围比住在日本的多一倍。总之每个都是400支以内的免税范围）
 *关于未满20周岁的人不适用酒类和卷烟的免税范围。
· 香水 2盎司（1盎司是约28ml）
· 境外市价的总额不超过20万日元的物品
 （只限入境者自用的物品。）
 *境外市价是在外国通常的零售价格（购买价格）。
 *价格20万日元以上的一个物品，价格全部上税。
 *关于未满6周岁的幼儿，除了玩具等幼儿本人使用的物品以外，不适用免税范围。

根据法令，到日本入境的所有的旅客需要填写申报单并提交海关。

图 6-8 日本海关申报单（B面）

四、新加坡 QIC 表格

新加坡入境卡如图 6-9 和图 6-10 所示。

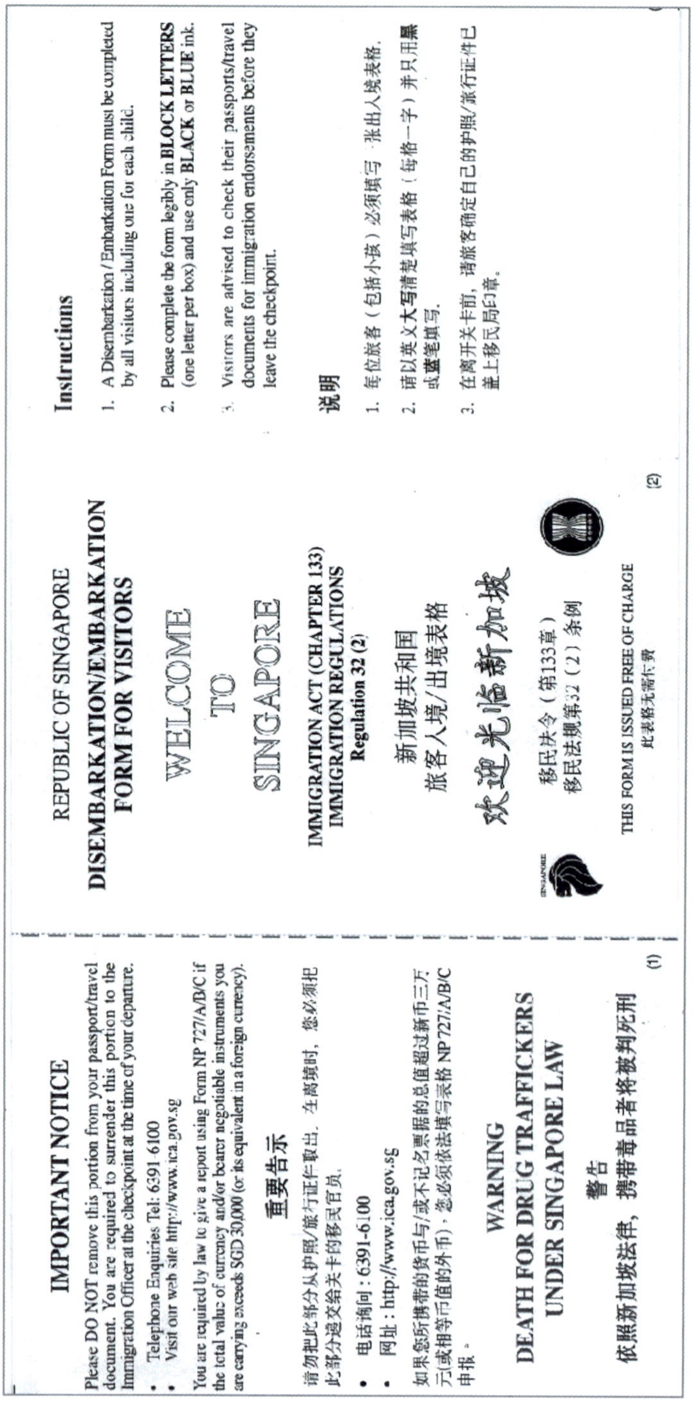

IMPORTANT NOTICE

Please DO NOT remove this portion from your passport/travel document. You are required to surrender this portion to the Immigration Officer at the checkpoint at the time of your departure.

- Telephone Enquiries Tel: 6391 6100
- Visit our web site http://www.ica.gov.sg

You are required by law to give a report using Form NP 727/A/B/C if the total value of currency and/or bearer negotiable instruments you are carrying exceeds SGD 30,000 (or its equivalent in a foreign currency).

重要告示

请勿把此部分从护照/旅行证件取出。在离境时，您必须把此部分递交给关卡内移民官员。

- 电话询问：6391-6100
- 网址：http://www.ica.gov.sg

如果您所携带的货币与/或不记名票据的总值超过新币三万元(或相等币值的外币)，您必须依法填写表格 NP 727/A/B/C 申报。

WARNING

DEATH FOR DRUG TRAFFICKERS UNDER SINGAPORE LAW

警告

依照新加坡法律，携带毒品者将被判死刑

(1)

REPUBLIC OF SINGAPORE

DISEMBARKATION/EMBARKATION FORM FOR VISITORS

WELCOME TO SINGAPORE

IMMIGRATION ACT (CHAPTER 133)
IMMIGRATION REGULATIONS
Regulation 32 (2)

新加坡共和国
旅客入境/出境表格

欢迎光临新加坡

移民法令（第133章）
移民法规第32（2）条例

THIS FORM IS ISSUED FREE OF CHARGE
此表格无需付费

(2)

Instructions

1. A Disembarkation / Embarkation Form must be completed by all visitors including one for each child.
2. Please complete the form legibly in **BLOCK LETTERS** (one letter per box) and use only **BLACK** or **BLUE** ink.
3. Visitors are advised to check their passports/travel documents for immigration endorsements before they leave the checkpoint.

说明

1. 每位旅客（包括小孩）必须填写一张出入境表格。
2. 请以英文**大写**清楚填写表格（每格一字）并只用**黑**或**蓝**笔填写。
3. 在离开关卡前，请旅客确定自己的护照/旅行证件已盖上移民局印章。

图 6-9 新加坡入境卡（一）

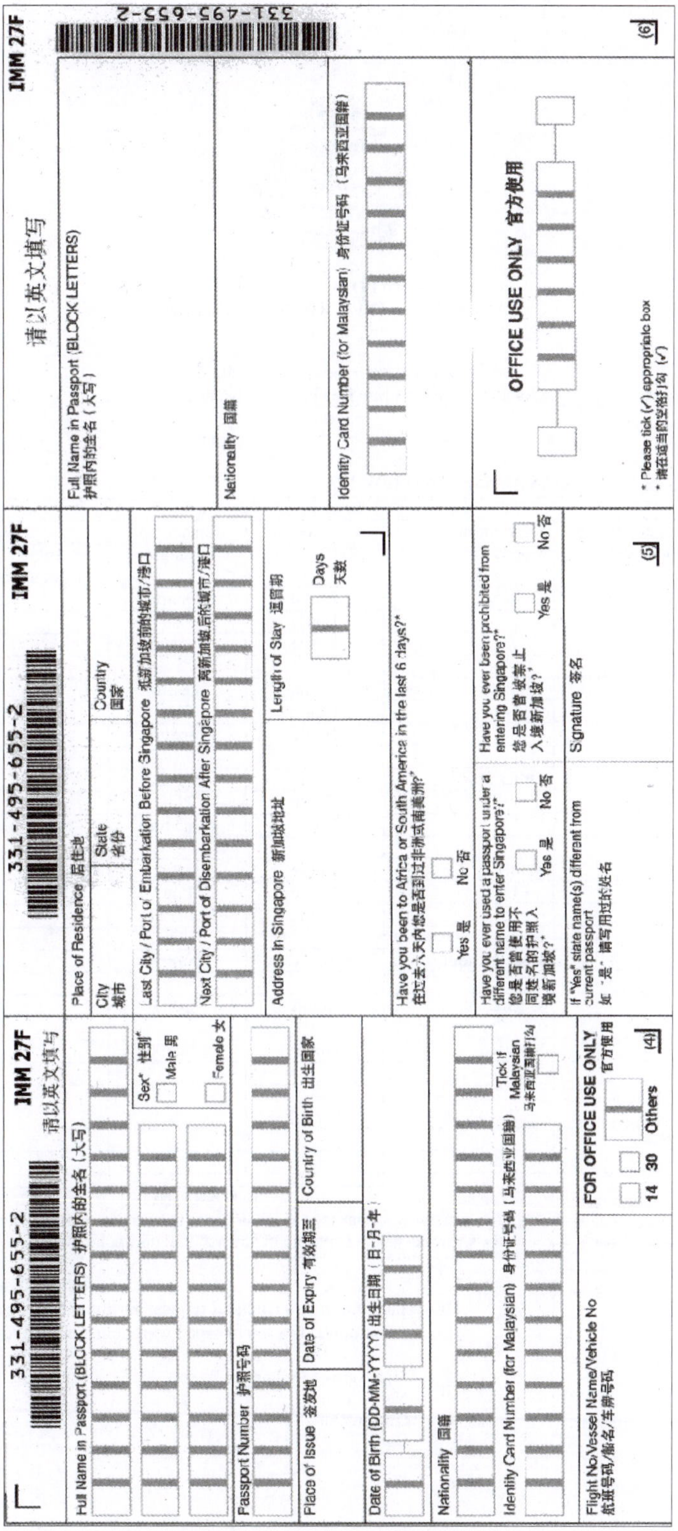

331-495-655-2 IMM 27F
请以英文填写
Full Name in Passport (BLOCK LETTERS) 护照内的全名（大写）
Sex* 性别*
Male 男
Female 女
Passport Number 护照号码
Place of Issue 签发地
Date of Expiry 有效期至
Country of Birth 出生国家
Date of Birth (DD-MM-YYYY) 出生日期（日-月-年）
Nationality 国籍
Identity Card Number (for Malaysian) 身份证号码（马来西亚国籍）
Tick if Malaysian 马来西亚国籍打勾
Flight No/Vessel Name/Vehicle No 航班号码/船名/车牌号码
FOR OFFICE USE ONLY 官方使用
14 30 Others
(4)

331-495-655-2 IMM 27F
Place of Residence 居住地
City 城市
State 省份
Country 国家
Last City / Port of Embarkation Before Singapore 抵新加坡前的城市/港口
Next City / Port of Disembarkation After Singapore 离新加坡后的城市/港口
Address in Singapore 新加坡地址
Length of Stay 逗留期
Days 天数
Have you been to Africa or South America in the last 6 days?* 在过去六天内您是否到过非洲或南美洲?*
Yes 是 No 否
Have you ever used a passport under a different name to enter Singapore?* 您是否曾使用不同姓名的护照入境新加坡?*
Yes 是 No 否
Have you ever been prohibited from entering Singapore?* 您是否曾被禁止入境新加坡?*
Yes 是 No 否
If "Yes" state name(s) different from current passport 如"是"请写用过的姓名
Signature 签名
(5)

IMM 27F
请以英文填写
Full Name in Passport (BLOCK LETTERS) 护照内的全名（大写）
Nationality 国籍
Identity Card Number (for Malaysian) 身份证号码（马来西亚国籍）
OFFICE USE ONLY 官方使用
* Please tick (✓) appropriate box
* 请在适当的空格打勾（✓）
331-495-655-2
(6)

图 6-10 新加坡入境卡（二）

新加坡酒单如图 6-11 所示。

图 6-11　新加坡酒单

五、英国 CIQ 表格

英国入境卡如图 6-12 所示。

图 6-12 英国入境卡

英国机组申报单如图 6-13 和图 6-14 所示。

图 6-13 英国机组申报单（一）

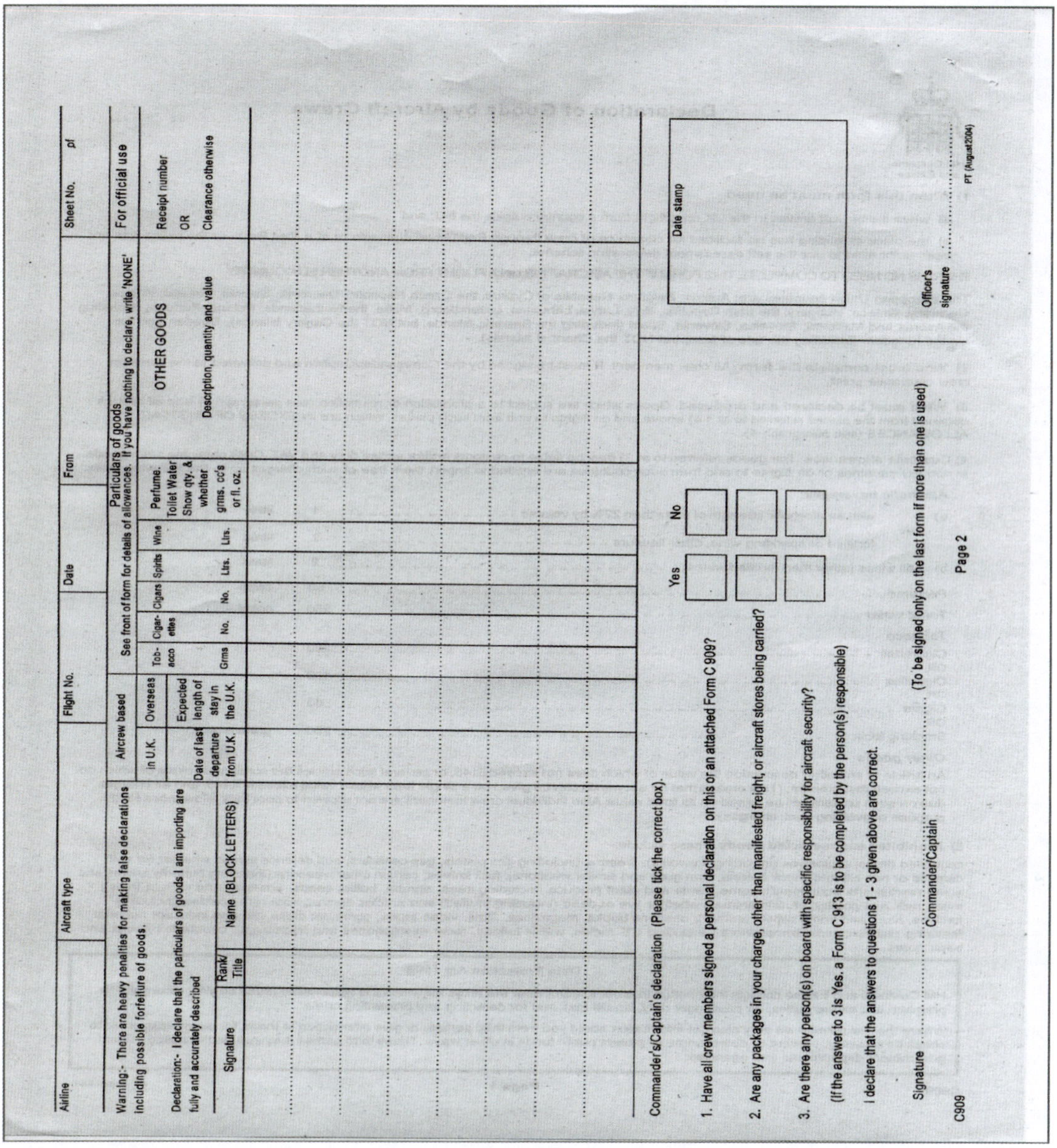

Airline	Aircraft type	Flight No.	Date	From	Sheet No. of

Warning:- There are heavy penalties for making false declarations including possible forfeiture of goods.

Declaration:- I declare that the particulars of goods I am importing are fully and accurately described

Signature	Rank/ Title	Name (BLOCK LETTERS)	Aircrew based: in U.K. — Date of last departure from U.K.	Aircrew based: Overseas — Expected length of stay in the U.K.	Particulars of goods (See front of form for details of allowances. If you have nothing to declare, write 'NONE'): Tob-acco Grms	Cigar-ettes No.	Cigars No.	Spirits Ltrs.	Wine Ltrs.	Perfume. Toilet Water Show qty. & whether grms. cc's or fl. oz.	OTHER GOODS Description, quantity and value	For official use: Receipt number OR Clearance otherwise

Commander's/Captain's declaration (Please tick the correct box).

	Yes	No
1. Have all crew members signed a personal declaration on this or an attached Form C 909?		
2. Are any packages in your charge, other than manifested freight, or aircraft stores being carried?		
3. Are there any person(s) on board with specific responsibility for aircraft security?		

(If the answer to 3 is Yes, a Form C 913 is to be completed by the person(s) responsible)

I declare that the answers to questions 1 - 3 given above are correct.

Signature ……………… Commander/Captain (To be signed only on the last form if more than one is used)

Date stamp

Officer's signature ………………

C909 Page 2 PT (August 2004)

图 6-14 英国机组申报单（二）

英国酒单如图 6-15 和图 6-16 所示。

HM Customs and Excise

STORES LIST FOR AIRCRAFT INWARDS AND ENTRY FOR WAREHOUSING

C209

Operator (name and address in BLOCK LETTERS)		FOR USE AS DIRECTED BY HM CUSTOMS Serial No. .... Month ....
Date of report	Airport of importation / *Airport of warehousing	
Flight number and where from	*Warehouse	Rotation number

Aircraft registration number	Description of all surplus stores on board the aircraft	Quantities: Unit size	Number of units	Part bottles
Details of sealed containers: Marks / Seal numbers				
Total number of sealed containers				
Details of empty containers				

RECEIPT

Received into the above named warehouse

.... †containers said to contain stores as recorded

Date .... 19 ....

....

Warehousekeeper

†Insert number of containers

I declare that the particulars shown hereon are a true declaration of the surplus stores on board

....

(Signature of operator or authorised person)

*I request permission to land and enter the goods for warehousing in the warehouse named above

Date .... 19 ....

WARNING: THERE ARE HEAVY PENALTIES FOR MAKING FALSE DECLARATIONS

C 209　CD 3747/ND(05/94)　**Delete as necessary*

图 6-15　英国酒单（正面）

FOR OFFICIAL USE
EXAMINATION AT LANDING

Details of discrepancies found on examination

.... †containers examined externally*
.... †containers No. .... examined internally*
.... †containers *Unsealed ....
                                  under company seal
and authority given for them to be *retained on board
                                    removed to store floor

*Examined. Accepted for warehousing as entered
Cleared for warehousing without examination

.... Officer

Station date stamp

Details of discrepancies found on examination

INTERNAL EXAMINATION AT WAREHOUSE

.... †containers No. .... examined internally*
                                    Officer (a)

The Officer may initial at (a)
if he is signing in full at (b)

EXAMINATION ON RECEIPT IN WAREHOUSE

.... †containers examined externally. Seals intact.
Sale numbers compared with those declared.
Satisfied.
*Except for the following discrepancies:-

.... Officer (a)

Station date stamp

CERTIFICATE OF WAREHOUSING
The entry and warehousing of the goods is complete.

.... Officer (b)   Date .... 19 ......

Station date stamp

	Compared with	Officer's initials	Station date stamp
Record of sealed bars			
Warehousekeeper's stock accounts			Station date stamp

*Delete as necessary   †Insert number of containers
CD 3747/R/ND(06/94)

图 6-16 英国酒单（背面）

六、法国 CIQ 表格

法国旅客申报单如图 6-17 所示。

图 6-17　法国旅客申报单

法国机组申报单如图 6-18 所示。

FRENCH CUSTOMS DECLARATION FORM—MANIFESTE DE PACOTILLES ALL CREWS Crew

IMPORTANT: When completed this declaration form must be PROMPTLY surrendered by one of the Crew members tof the Customs Inspector's Office at the Airport Gate. Local French Customs regulation REQUIRE that you DECLARE all goods purchased in foreign countries and brought in France during your layover in France.

REGULATIONS: Local tolerance is : 1) 2 packs of cigarettes/or 20 cigars or 50 Grs of tobacco. 2) 1/2 liter of wine (portwine etc.) equal or inferior to 22 degrees or 1/4 liter hard liquor superior to 22 degrees (whiskey etc.). 3) perfume 7.5 Gr., Cologne 4 Cls., Coffee 100Grs., Tea 20 Grs.

--ALL imported goods should be declared below. Imported goods over FF. 140 (about $20) purchase value are subject to Customs duties if not left in BONDS. Receipt will be delivered for any goods left in Custody of Customs. These goods MUST be re exported on date of your departure form CDG Airport. Receipt required for retrieval.

OPT   FLT # ______   DATE ______   ARRIVAL FROM ______

RANK/NAME	SIGNATURE	NUMBER OF BAGS	CIGARETTES/CIGARS/TOBACCO	ALCOHOL	OTHER GOODS

图 6-18 法国机组申报单

七、美国 CIQ 表格

美国入境卡 (194 表) 如图 6-19 所示。

DEPARTMENT OF HOMELAND SECURITY
U.S. Customs and Border Protection
OMB No. 1651-0111

Admission Number

Welcome to the United States

839177525 12

I-94 Arrival/Departure Record - Instructions

This form must be completed by all persons except U.S.Citizens, returning resident aliens, aliens with immigrant visas, and Canadian Citizens visiting or in transit.

Type or print legibly with pen in ALL CAPITAL LETTERS. Use English. Do not write on the back of this form.

This form is in two parts. Please complete both the Arrival Record (Items 1 through 13) and the Departure Record (Items 14 through 17).

When all items are completed, present this form to the CBP Officer.

Item 7 - If you are entering the United States by land, enter LAND in this space. If you are entering the United States by ship, enter SEA in this space.

CBP Form I-94 (10/04)

Admission Number
OMB No. 1651-0111

839177525 12

Arrival Record

1. Family Name
2. First (Given) Name
3. Birth Date (Day/Mo/Yr)
4. Country of Citizenship
5. Sex (Male or Female)
6. Passport Number
7. Airline and Flight Number
8. Country Where You Live
9. City Where You Boarded
10. City Where Visa was Issued
11. Date Issued (Day/Mo/Yr)
12. Address While in the United States (Number and Street)
13. City and State

CBP Form I-94 (10/04)

Departure Number
OMB No. 1651-0111

839177525 12

I-94
Departure Record

14. Family Name
15. First (Given) Name
16. Birth Date (Day/Mo/Yr)
17. Country of Citizenship

CBP Form I-94 (10/04)

See Other Side　　STAPLE HERE

This Side For Government Use Only

Primary Inspection

Applicant's Name ____

Date Referred ____ Time ____ Insp. # ____

Reason Referred

☐ 212A ☐ PP ☐ Visa ☐ Parole ☐ SLB ☐ TWOV

☐ Other ____

Secondary Inspection

End Secondary Time ____ Insp. # ____

Disposition ____

18. Occupation	19. Waivers
20. CIS A Number A-	21. CIS FCO
22. Petition Number	23. Program Number
24. ☐ Bond	25. ☐ Prospective Student

26. Itinerary/Comments

27. TWOV Ticket Number

Warning　A nonimmigrant who accepts unauthorized employment is subject to deportation.

Important Retain this permit in your possession; ***you must surrender it when you leave the U.S.*** Failure to do so may delay your entry into the U.S. in the future. You are authorized to stay in the U.S. only until the date written on this form. To remain past this date, without permission from Department of Homeland Security authorities, is a violation of the law.

Surrender this permit when you leave the U.S.:

- By sea or air, to the transportation line;
- Across the Canadian border, to a Canadian Official;
- Across the Mexican border, to a U.S. Official.

Students planning to reenter the U.S. within 30 days to return to the same school, see "Arrival-Departure" on page 2 of Form I-20 prior to surrendering this permit.

Record of Changes

Port:　　**Departure Record**

Date:

Carrier:

Flight # / Ship Name:

图 6-19　美国入境卡 (194 表)

美国入境卡 (194W) 如图 6-20 所示。

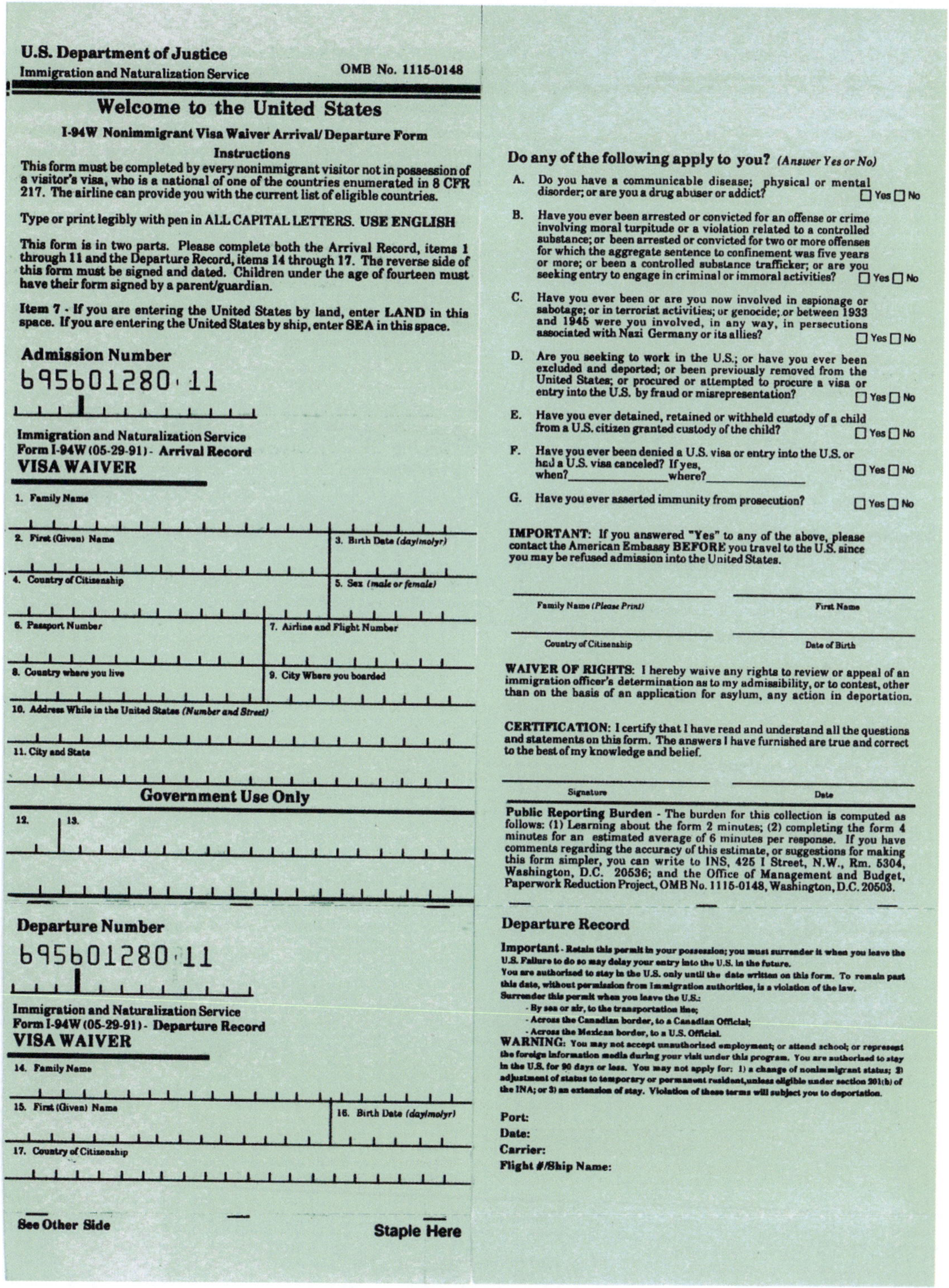

U.S. Department of Justice
Immigration and Naturalization Service
OMB No. 1115-0148

Welcome to the United States

I-94W Nonimmigrant Visa Waiver Arrival/ Departure Form

Instructions

This form must be completed by every nonimmigrant visitor not in possession of a visitor's visa, who is a national of one of the countries enumerated in 8 CFR 217. The airline can provide you with the current list of eligible countries.

Type or print legibly with pen in ALL CAPITAL LETTERS. USE ENGLISH

This form is in two parts. Please complete both the Arrival Record, items 1 through 11 and the Departure Record, items 14 through 17. The reverse side of this form must be signed and dated. Children under the age of fourteen must have their form signed by a parent/guardian.

Item 7 - If you are entering the United States by land, enter LAND in this space. If you are entering the United States by ship, enter SEA in this space.

Admission Number
695601280 11

Immigration and Naturalization Service
Form I-94W (05-29-91) - Arrival Record
VISA WAIVER

1. Family Name
2. First (Given) Name
3. Birth Date (day/mo/yr)
4. Country of Citizenship
5. Sex (male or female)
6. Passport Number
7. Airline and Flight Number
8. Country where you live
9. City Where you boarded
10. Address While in the United States (Number and Street)
11. City and State

Government Use Only

12.
13.

Departure Number
695601280 11

Immigration and Naturalization Service
Form I-94W (05-29-91) - Departure Record
VISA WAIVER

14. Family Name
15. First (Given) Name
16. Birth Date (day/mo/yr)
17. Country of Citizenship

See Other Side

Staple Here

Do any of the following apply to you? (Answer Yes or No)

A. Do you have a communicable disease; physical or mental disorder; or are you a drug abuser or addict? ☐ Yes ☐ No

B. Have you ever been arrested or convicted for an offense or crime involving moral turpitude or a violation related to a controlled substance; or been arrested or convicted for two or more offenses for which the aggregate sentence to confinement was five years or more; or been a controlled substance trafficker; or are you seeking entry to engage in criminal or immoral activities? ☐ Yes ☐ No

C. Have you ever been or are you now involved in espionage or sabotage; or in terrorist activities; or genocide; or between 1933 and 1945 were you involved, in any way, in persecutions associated with Nazi Germany or its allies? ☐ Yes ☐ No

D. Are you seeking to work in the U.S.; or have you ever been excluded and deported; or been previously removed from the United States; or procured or attempted to procure a visa or entry into the U.S. by fraud or misrepresentation? ☐ Yes ☐ No

E. Have you ever detained, retained or withheld custody of a child from a U.S. citizen granted custody of the child? ☐ Yes ☐ No

F. Have you ever been denied a U.S. visa or entry into the U.S. or had a U.S. visa canceled? If yes, when?______ where?______ ☐ Yes ☐ No

G. Have you ever asserted immunity from prosecution? ☐ Yes ☐ No

IMPORTANT: If you answered "Yes" to any of the above, please contact the American Embassy BEFORE you travel to the U.S. since you may be refused admission into the United States.

Family Name (Please Print)   First Name

Country of Citizenship   Date of Birth

WAIVER OF RIGHTS: I hereby waive any rights to review or appeal of an immigration officer's determination as to my admissibility, or to contest, other than on the basis of an application for asylum, any action in deportation.

CERTIFICATION: I certify that I have read and understand all the questions and statements on this form. The answers I have furnished are true and correct to the best of my knowledge and belief.

Signature   Date

Public Reporting Burden - The burden for this collection is computed as follows: (1) Learning about the form 2 minutes; (2) completing the form 4 minutes for an estimated average of 6 minutes per response. If you have comments regarding the accuracy of this estimate, or suggestions for making this form simpler, you can write to INS, 425 I Street, N.W., Rm. 5304, Washington, D.C. 20536; and the Office of Management and Budget, Paperwork Reduction Project, OMB No. 1115-0148, Washington, D.C. 20503.

Departure Record

Important - Retain this permit in your possession; you must surrender it when you leave the U.S. Failure to do so may delay your entry into the U.S. in the future.
You are authorized to stay in the U.S. only until the date written on this form. To remain past this date, without permission from Immigration authorities, is a violation of the law.
Surrender this permit when you leave the U.S.:
- By sea or air, to the transportation line;
- Across the Canadian border, to a Canadian Official;
- Across the Mexican border, to a U.S. Official.

WARNING: You may not accept unauthorized employment; or attend school; or represent the foreign information media during your visit under this program. You are authorized to stay in the U.S. for 90 days or less. You may not apply for: 1) a change of nonimmigrant status; 2) adjustment of status to temporary or permanent resident, unless eligible under section 201(b) of the INA; or 3) an extension of stay. Violation of these terms will subject you to deportation.

Port:
Date:
Carrier:
Flight #/Ship Name:

图 6-20 美国入境卡 (194W)

美国海关申报单如图 6-21 所示。

U.S. Customs and Border Protection

Customs Declaration

19 CFR 122.27, 148.12, 148.13, 148.110,148.111, 1498; 31 CFR 5316

FORM APPROVED
OMB NO. 1651-0009

Each arriving traveler or responsible family member must provide the following information (only ONE written declaration per family is required):

1. Family Name
   First (Given) Middle
2. Birth date Day Month Year
3. Number of Family members traveling with you
4. (a) U.S. Street Address (hotel name/destination)
   (b) City (c) State
5. Passport issued by (country)
6. Passport number
7. Country of Residence
8. Countries visited on this trip prior to U.S. arrival
9. Airline/Flight No. or Vessel Name
10. The primary purpose of this trip is business: Yes No
11. I am (We are) bringing
    (a) fruits, vegetables, plants, seeds, food, insects: Yes No
    (b) meats, animals, animal/wildlife products: Yes No
    (c) disease agents, cell cultures, snails: Yes No
    (d) soil or have been on a farm/ranch/pasture: Yes No
12. I have (We have) been in close proximity of (such as touching or handling) livestock: Yes No
13. I am (We are) carrying currency or monetary instruments over $10,000 U.S. or foreign equivalent: Yes No
    (see definition of monetary instruments on reverse)
14. I have (We have) commercial merchandise: Yes No
    (articles for sale, samples used for soliciting orders, or goods that are not considered personal effects)
15. Residents — the total value of all goods, including commercial merchandise I/we have purchased or acquired abroad, (including gifts for someone else, but not items mailed to the U.S.) and am/are bringing to the U.S. is: $
    Visitors — the total value of all articles that will remain in the U.S., including commercial merchandise is: $

Read the instructions on the back of this form. Space is provided to list all the items you must declare.

I HAVE READ THE IMPORTANT INFORMATION ON THE REVERSE SIDE OF THIS FORM AND HAVE MADE A TRUTHFUL DECLARATION.

X (Signature) Date (day/month/year)

For Official Use Only

CBP Form 6059B (01/04)

U.S. Customs and Border Protection Welcomes You to the United States

U.S. Customs and Border Protection is responsible for protecting the United States against the illegal importation of prohibited items. CBP officers have the authority to question you and to examine you and your personal property. If you are one of the travelers selected for an examination, you will be treated in a courteous, professional, and dignified manner. CBP Supervisors and Passenger Service Representatives are available to answer your questions. Comment cards are available to compliment or provide feedback.

Important Information

U.S. Residents — declare all articles that you have acquired abroad and are bringing into the United States.

Visitors (Non-Residents) — declare the value of all articles that will remain in the United States.

Declare all articles on this declaration form and show the value in U.S. dollars. For gifts, please indicate the retail value.

Duty — CBP officers will determine duty. U.S. residents are normally entitled to a duty-free exemption of $800 on items accompanying them. Visitors (non-residents) are normally entitled to an exemption of $100. Duty will be assessed at the current rate on the first $1,000 above the exemption.

Controlled substances, obscene articles, and toxic substances are generally prohibited entry. Agriculture products are restricted entry.

Thank You, and Welcome to the United States.

The transportation of currency or **monetary instruments**, regardless of the amount, is legal. However, if you bring in to or take out of the United States more than $10,000 (U.S. or foreign equivalent, or a combination of both), you are required by law to file a report on FinCEN 105 (formerly Customs Form 4790) with U.S. Customs and Border Protection. Monetary instruments include coin, currency, travelers checks and bearer instruments such as personal or cashiers checks and stocks and bonds. If you have someone else carry the currency or monetary instrument for you, you must also file a report on FinCEN 105. Failure to file the required report or failure to report the *total* amount that you are carrying may lead to the seizure of *all* the currency or monetary instruments, and may subject you to civil penalties and/or criminal prosecution. SIGN ON THE OPPOSITE SIDE OF THIS FORM AFTER YOU HAVE READ THE IMPORTANT INFORMATION ABOVE AND MADE A TRUTHFUL DECLARATION.

Description of Articles (List may continue on another CBP Form 6059B)	Value	CBP Use Only
Total		

PAPERWORK REDUCTION ACT NOTICE: The Paperwork Reduction Act says we must tell you why we are collecting this information, how we will use it, and whether you have to give it to us. The information collected on this form is needed to carry out the Customs, Agriculture, and currency laws of the United States. CBP requires the information on this form to insure that travelers are complying with these laws and to allow us to figure and collect the right amount of duty and tax. Your response is mandatory. An agency may not conduct or sponsor, and a person is not required to respond to a collection of information, unless it displays a valid OMB control number. The estimated average burden associated with this collection of information is 4 minutes per respondent or record keeper depending on individual circumstances. Comments concerning the accuracy of this burden estimate and suggestions for reducing this burden should be directed to U.S. Customs and Border Protection, Reports Clearance Officer, Information Services Branch, Washington, DC 20229, and to the Office of Management and Budget, Paperwork Reduction Project (1651-0009), Washington, DC 20503. THIS FORM MAY NOT BE REPRODUCED WITHOUT APPROVAL FROM THE CBP FORMS MANAGER.

CBP Form 6059B (01/04)

图 6-21　美国海关申报单

美国机组申报单如图 6-22 所示。

图 6-22 美国机组申报单

机组第一次进入美国申报单如图 6-23 所示。

PRINT LEGIBLY OR TYPE

(1743) Printed & Stocked by JFK Office Supermarket, Inc. (718) 978-5400

DEPARTMENT OF HOMELAND SECURITY
U.S. Customs and Border Protection

OMB NO. 1651-0114

"A" No.

CREWMAN'S LANDING PERMIT

Family Name		Given Name	Initial
Home Address			Address in United States
Hair	Height	FIN:	Date of Birth
Eyes	Weight		Place of Birth
Restrictions placed by CBP Officer			Passport Number/Nationality
			Arrived by ☐ Air ☐ Sea
			CBP Officer

CBP Form I-95 (10/04)

Arrival Date	Place of Arrival	CBP Officer Signature

CBP Form I-95 (10/04)

图 6-23　机组第一次进入美国申报单

美国酒单（纽约使用）如图 6-24 所示。

图 6-24　美国酒单（纽约使用）

八、加拿大 CIQ 表格

加拿大海关申报单如图 6-25 所示。

Instructions

All travellers must be identified on a Canada Border Services Agency (CBSA) Declaration Card. You may list up to four people living at the **same address** on one card. **Each traveller is responsible for his or her own declaration.**

Under the law, failure to properly declare goods, currency and/or monetary instruments brought into Canada may result in seizure action, monetary penalties and/or criminal prosecution.

Information from this declaration will be used for CBSA control purposes, and may be shared with other government departments to enforce Canadian laws. For more information see *Info Source* (ref. no. CBSA PPU 018), at a public library or visit **http://infosource.gc.ca**.

Part B – Visitors to Canada

The following duty-free allowances apply to each visitor entering into Canada:

- Gifts (excludes alcohol and tobacco) valued at no more than CAN$60 **each**.
- 1.5 L of wine **or** 1.14 L of liquor **or** 24 x 355 ml cans or bottles (8.5 L) of beer or ale.
- 200 cigarettes, 200 tobacco sticks, 50 cigars or cigarillos **and** 200 grams of manufactured tobacco.

Part C – Residents of Canada

Each resident returning to Canada is entitled to **one of the following personal exemptions** based on his/her time absent from Canada (include all goods and/or gifts purchased or received abroad):

- **24 hours: CAN$50**
  Not claimable if goods exceed $50. Alcohol and tobacco cannot be claimed.
- **48 hours: CAN$400**
  This includes alcohol and tobacco (see table below).
- **7 days: CAN$750**
  This includes alcohol and tobacco (see table below).

Alcohol and tobacco exemption table
1.5 L of wine **or** 1.14 L of liquor **or** 24 x 355 ml cans or bottles (8.5 L) of beer or ale. (You must be of legal age in the province of importation.)
200 cigarettes, 200 tobacco sticks, 50 cigars or cigarillos **and** 200 grams of manufactured tobacco (Special Duty may apply).

Detach instructions

Canada Border Services Agency / Agence des services frontaliers du Canada

Declaration Card

PAX

– For Agency Use Only –

R　U.S. V　OV　Cr　O

Part A All travellers (living at the same address) – Please print in capital letters.

1 Last name, first name and initials
Date of birth: Y Y M M D D　Citizenship:

2 Last name, first name and initials
Date of birth: Y Y M M D D　Citizenship:

3 Last name, first name and initials
Date of birth: Y Y M M D D　Citizenship:

4 Last name, first name and initials
Date of birth: Y Y M M D D　Citizenship:

HOME ADDRESS – Number, street, apartment No.　City/Town

Prov./State　Country　Postal/Zip code

Arriving by: Air　Rail　Marine　Highway
Airline/flight No., train No. or vessel name

Purpose of trip: Study　Personal　Business

Arriving from: U.S. only　Other country direct　Other country via U.S.

– For Agency Use Only –

I am/we are bringing into Canada:　Yes　No

- Firearms or other weapons (e.g. switchblades, Mace or pepper spray).
- Commercial goods, whether or not for resale (e.g. samples, tools, equipment).
- Meat/meat products; dairy products; fruits; vegetables; seeds; nuts; plants and animals or their parts/products; cut flowers; soil; wood/wood products; birds; insects.
- Currency and/or monetary instruments of a value totalling CAN$10,000 or more per person.

I/we have shipped goods that are not accompanying me/us.

I/we have visited a farm and will be going to a farm in Canada.

Part B Visitors to Canada

Duration of stay in Canada　days

Do you or any person listed above exceed the duty-free allowances per person? (See instructions on the left.)　Yes　No

Part C Residents of Canada

Do you or any person listed above exceed the exemptions per person? (See instructions on the left.)　Yes　No

Complete in the same order as Part A

	Date left Canada YY - MM - DD	Value of goods – CAN$ purchased or received abroad (including gifts, alcohol & tobacco)		Date left Canada YY - MM - DD	Value of goods – CAN$ purchased or received abroad (including gifts, alcohol & tobacco)
1	Y Y M M D D		3	Y Y M M D D	
2	Y Y M M D D		4	Y Y M M D D	

Detach instructions

Part D Signatures (age 16 and older): I certify that my declaration is true and complete.

1
2　Date ▶ Y Y M M D D
3　4

E311 (08/04)　**Protected A when completed**　BSF311　Canadä

Do not fold Declaration Card

图 6-25　加拿大海关申报单

九、澳大利亚 CIQ 表格

澳大利亚入境卡（中文）如图 6-26 和图 6-27 所示。

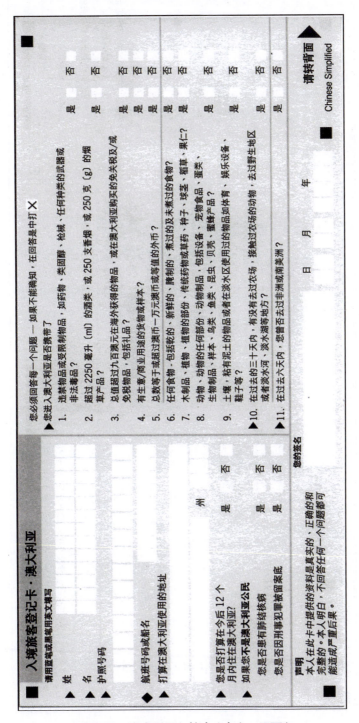

图 6-26　澳大利亚入境卡（中文，正面）

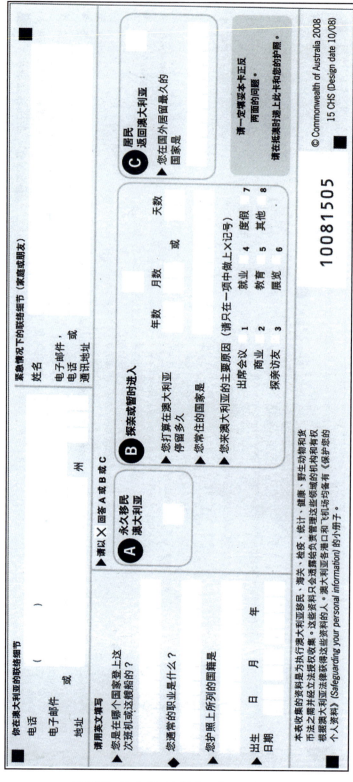

图 6-27 澳大利亚入境卡（中文，背面）

澳大利亚机组申报单如图 6-28 和图 6-29 所示。

Australian Government

Australian Customs Service

AIRCREW DECLARATION

(This declaration must be completed by all aircrew and made available to Customs on arrival. This form will be returned to foreign crew on completion of all inwards Customs, Immigration and Quarantine clearance for re-presentation on departure.)

Please read the Notice overleaf and answer the following two questions by ticking (✔) "Yes" or "No"

Are you bringing into Australia:

1. Anything of interest to Customs, listed as Restricted Items (A) ☐ Yes ☐ No
2. Anything of interest to Quarantine, listed as Quarantine Restrictions (B) ☐ Yes ☐ No

If you answered "Yes" to any question, please list all items to be declared here

QTY.	DESCRIPTION	BRAND / MAKE	VALUE	CUSTOMS USE

Personal Details

Surname:	Given Names:	
Date of Birth: / /	Sex: ☐ Male ☐ Female	
Passport Number:	Country of issue:	
Signature:	Date: / /	Flight No.:

Foreign Crew Use Only

Articles marked "P" may be retained in your possession without payment of duty and tax. However you must re-export the articles when you next depart Australia.

Expected date of departure: / /	Flight No.:	Airport:

B465 (Feb 2005)

图 6-28　澳大利亚机组申报单（正面）

```
NOTICE TO CAPTAINS AND CREW OF AIRCRAFT

Each crew member must complete the declaration overleaf and present the form to Customs on arrival.

Note: The Privacy Act of 1988 says that Customs must tell you why this information is collected, how it will be used and whether you have to provide it.

    Customs needs the information to carry out the Customs, Quarantine, Health, Wildlife and Currency laws of Australia. We require
    this information under section 71 of the Customs Act and regulation 41 of the Customs Regulations (1926) to ensure that travellers
    are complying with these laws and to be able to collect the right amounts of duty and tax. The information provided is usually
    disclosed to the following Government agencies: Australian Quarantine Inspection Service; Environment Australia; Department of
    Health and Ageing; Department of Immigration and Multicultural and Indigenous Affairs.

ENTITLEMENTS:
    Clothing, articles for grooming and other bona fide personal effects need not be declared.
    Provided the following importations stay within the maximum limits stipulated, they may be imported free from duty and/or tax. If the
    maximum limit is exceeded in any of the categories, duty and tax will be charged on the entire importation within that category.
    Category One:
    A$450 worth of goods, obtained overseas or purchased in Australia on a duty/tax free basis. Alcohol and tobacco products cannot
    be included in this allowance.
    Category two:
    2.25 litres of alcoholic beverages.
    Category Three:
    250 cigarettes, or 250 grams of cigars or tobacco products.

A. RESTRICTED ITEMS:
You must declare:
CUSTOMS
  • tobacco products and alcoholic beverages (including beer and wine) in excess of your allowance.
  • any new items with a Customs value in excess of A$450, including cameras, video cameras, VCRs, CD and DVD players, jewellery,
    watches, sporting goods and gifts, except goods taken out of Australia and declared on a "Goods Exported in Passenger Baggage"
    (Customs Form B263).
  • goods/samples for business or commercial use.
  • goods that may be prohibited or subject to restrictions, such as medicines, steroids, firearms, weapons of any kind or illicit drugs.
WILDLIFE
  • Live specimens or articles made from wildlife, such as reptiles, coral, elephant, rhinoceros, and members of the cat family.
CURRENCY
  • If you are carrying $10,000 or more in Australian currency or foreign equivalent you must complete an International Currency
    Transfer Report, available from Customs.

B. QUARANTINE RESTRICTIONS:
You must declare:
  • food of any type - includes dried, fresh, preserved, cooked, uncooked - anything you can eat or cook.
  • wooden articles, plants, parts of plants, traditional medicines or herbs, seeds, bulbs, straw and nuts.
  • animals, parts of animals and products in contact with animals including equipment, eggs, biological specimens, birds, fish, insects,
    coral, shells, bee products, pet food.
  • soil, or articles with soil attached, i.e. sporting equipment, shoes, etc.
  • if you have visited a rural area or been in contact with, or near, farm animals outside Australia in the past 30 days.
  • if you have been in Africa or South America in the last 6 days. You may need to produce a Yellow Fever Vaccination Certificate.

Note: If you have doubts about anything, please declare the item or ask any Customs Officer or Quarantine Officer for clarification.

                                         WARNINGS
  • Aircraft stores are goods under Customs control and must not be removed without authority.
  • It is an offence to make a false statement to Customs. You may be penalised or prosecuted.
  • Penalties for drug offences are severe in Australia.
  • You could be charged up to A$220 in "on the spot fines" or be prosecuted for undeclared quarantine goods.
```

图 6-29 澳大利亚机组申报单（背面）

澳大利亚落地喷药交接单如图 6-30 所示。

Top of Descent Disinsection Certificate

TOP OF DESCENT DISINSECTION CERTIFICATE

Aircraft registration No:_____   Flight No:_____

Airport of departure: _____   Date of departure _____

Aircraft type: _____   Series _____

This is to certify that the above aircraft has this day been disinsected by the Top of Descent method in accordance with the New Zealand MAF Quarantine Service (MQS) and Australian Quarantine and Inspection Service (AQIS) requirements and that the following actions were carried out:

PRE-FLIGHT

☐ Flight deck overhead lockers, coat lockers, toilets and crew rest areas have been sprayed with 2% permethrim, prior to the occupancy of passengers and up to 1 hour before departure

_____ Number of aerosol cans   used.
(Number)

TOP OF DESCENT

☐ The aircraft cabin has been sprayed with 2% d.-phenothrin at Top of Descent.

_____ Number of aerosol cans used.

I certify that I have witnessed the completion of the above Disinsections.

Signature: _____

Name: _____
       (please print)

Title: _____

图 6-30　澳大利亚落地喷药交接单

参 考 文 献

[1] 江群，王春. 民航基础知识应用 [M]. 北京：国防工业出版社，2011.

[2] 万青. 航空运输地理 [M]. 北京：中国民航出版社，2008.

[3] 洪德慧，杨学峰. 航线地理 [M]. 北京：科学出版社，2013.

[4] 方从法，罗茜. 民用航空概论 [M]. 上海：上海交通大学出版社，2012.

[5] 黄佳. 机场枢纽与竞争力 [M]. 北京：北京交通大学出版社，2011.